Reconstruction of the Core Competitiveness of
Museums in the Digital Era

数字化时代博物馆核心竞争力重构

王俊卿　徐佳艺　聂婷华　著

中国科学技术大学出版社

内 容 简 介

新冠疫情的暴发并蔓延全球，促使博物馆越来越多地将传播和服务转向线上，非接触式、数字化服务成为场馆文化教育、智慧管理的重要趋势。本书分析了数字化社会的主要特征、数字化对传统博物馆的影响，例举了目前最为鲜明的博物馆数字化新业态，并从多个方面阐述了数字化时代博物馆如何构建自身的核心竞争力。

图书在版编目(CIP)数据

数字化时代博物馆核心竞争力重构/王俊卿，徐佳艺，聂婷华著. ——合肥：中国科学技术大学出版社，2023.4

ISBN 978-7-312-05591-1

Ⅰ. 数⋯ Ⅱ. ①王⋯ ②徐⋯ ③聂⋯ Ⅲ. 博物馆—核心竞争力—研究 Ⅳ. G26

中国国家版本馆 CIP 数据核字(2023)第 024591 号

数字化时代博物馆核心竞争力重构
SHUZIHUA SHIDAI BOWUGUAN HEXIN JINGZHENGLI CHONGGOU

出版	中国科学技术大学出版社 安徽省合肥市金寨路 96 号，230026 http://press.ustc.edu.cn https://zgkxjsdxcbs.tmall.com
印刷	安徽国文彩印有限公司
发行	中国科学技术大学出版社
开本	710 mm×1000 mm　1/16
印张	9.25
字数	190 千
版次	2023 年 4 月第 1 版
印次	2023 年 4 月第 1 次印刷
定价	55.00 元

前　言

　　本书的构思与写作始于2020年新冠疫情暴发之后。一方面，博物馆作为人流密集的社会公共文化场所，受到新冠疫情严重冲击后，大量的场馆不得不闭馆，这迫使博物馆行业对未来的发展必须及时进行思考与调整。相当一部分博物馆积极利用数字技术去应对困境，通过线上的方式打开了意想不到的新局面。另一方面，经历了信息化建设的部分头部场馆已提前悄悄走上数字化发展道路，并积极探索VR、云计算、大数据、5G、人工智能、区块链、元宇宙等新技术在场景中的应用。技术的发展、社会的需求、博物馆的职责合力助推着博物馆数字技术的应用与发展。

　　当然，数字化、智慧化与传统博物馆的虚实结合还有很多不确定性，博物馆以何种姿态拥抱这个新发展点，如何把握其中蕴含的机遇与挑战，是值得研究的大课题。

　　本书首先从什么是数字资源、数字技术改变信息传播方式、社会公众对数字化的认识几个维度来阐明数字化时代的重要社会特征；再从数字化的角度对博物馆的社会功能进行再认识，指出数字化对博物馆的影响，以及博物馆利用数字技术形成的新业态；最后从创新策源、教育传播、科学管理、资源融合四个方面探讨数字化对未来博物馆核心竞争力的影响与促进作用，提出对博物馆行业发展的一些建议。

　　本书得以出版，要感谢上海科技馆馆长王小明教授对书稿撰写给予的支持和鼓励；感谢上海科技馆展教中心副主任胡玺丹博士对本书内容研究的指导与关心；感谢项目组成员王倩倩和上海科技馆展教中心全体同仁，他们用各自的方式为本书做出了积极贡献。本书的部分内容源自上海科技馆智慧场馆建设规划，是上海科技馆全体工作人员智慧的结晶，借此机会向他们致以诚挚的感谢。

　　希望本书能抛砖引玉，对业内有所帮助与借鉴，也希望通过整个博物馆行业的努力，以新冠疫情为契机，不断提升场馆的核心竞争力，在数字化时代的浪潮中，往更高、更远、更好的目标迈进！

　　由于作者水平有限，书中难免有不足和疏漏之处，恳请读者批评指正。

作　者
2022年9月

目　　录

前言 ……………………………………………………………（ⅰ）

第一章　新冠疫情让社会加速进入数字化时代 …………………（1）

第二章　数字化时代概述与社会特征 ……………………………（5）
　第一节　数字化时代概述 ………………………………………（5）
　第二节　数字化时代的社会特征 ………………………………（12）

第三章　从数字化角度对博物馆行业再认识 ……………………（29）
　第一节　回望博物馆的创办初心 ………………………………（29）
　第二节　数字化给博物馆带来的影响 …………………………（37）
　第三节　数字化时代博物馆呈现新业态 ………………………（50）

第四章　数字化时代博物馆核心竞争力的体现 …………………（75）
　第一节　数字开拓创新策源 ……………………………………（75）
　第二节　数字赋能教育传播 ……………………………………（89）
　第三节　数字聚焦科学管理 ……………………………………（101）
　第四节　数字驱动资源整合 ……………………………………（107）

第五章　博物馆未来发展的期许与冀望 …………………………（123）
　第一节　更好地连接社会 ………………………………………（123）
　第二节　无边界交叉延展 ………………………………………（131）
　第三节　智慧化创新发展 ………………………………………（137）

第一章　新冠疫情让社会加速进入数字化时代

2020 年的春节,一场由新型冠状病毒引发的疫情突然袭来,并迅速蔓延至全国。受疫情的影响,上至封城、下至封村,人们都被迫宅在家里,牵动了无数人的神经。新冠疫情的暴发让年纪稍长的人们回想起了 17 年前的另一场没有硝烟的战争。

2003 年初,一名美国商人在越南河内出现 SARS 症状,世界卫生组织报告称这是一种极具传染性的疾病,再后来它有了"非典型肺炎"一名,简称"非典"。从北京接报了国内第一起"非典"病例开始,整个国内原本人流密集的场所顿时冷清了起来。多少年后,大家对"非典"记忆犹新,"非典"制造了恐慌与压抑,种种复杂情绪背后,也孕育了新的机遇。由于无数人在"非典"疫情的威胁下足不出户,被迫在计算机上处理一些较为棘手的工作,因而给正在发展中的中国互联网带来了莫大的机会:这一年,中国共有上网计算机 3089 万台,上网用户数 7950 万人,一年前的这一数字分别是 2083 万台和 5910 万人。随着计算机与上网人数的增加,互联网迎来了新的发展阶段。京东商城、淘宝网、腾讯网和 QQ 游戏平台,均诞生于这个特殊的年份;新浪、搜狐、网易,分别实现了上市以来首次全年盈利;起点中文网开始探索付费阅读;远在大洋彼岸一个名为 Andy Rubin 的工程师,创办了 Android,开始启动下一代智能手机的开发……"非典"疫情的另一面成为了中国互联网的特殊年,以至于邓肯·克拉克在他的一本书中这样写道:"'非典'证实了数字移动技术和互联网的有效性,因此成为使互联网在中国崛起为真正的大众平台的转折点。"

一、被互联网改变的行为模式

如果说 2003 年的"非典"与 2020 年的"新冠肺炎"在社会环境上有什么不同,有一点肯定不能忽视,那就是互联网不再是疫情的旁观者。上一场疫情中成长起来的阿里、百度、腾讯都已经身为巨头,在与新型冠状病毒的较量中,扮演了举足轻重的角色,成为了社会对抗疫情的有效利器。

回顾 2003 年的"非典",从病毒被发现到传递到全国人民的耳中将近花了 4 个月的时间。那时人们还只能通过电视、报纸关注疫情的进展,想要了解到"非典"疫情的动态，要么等待新闻媒体的播报，要么打电话到医疗机构咨询，因此比疫情信息传播更快的是喝板蓝根、蒸醋等可以预防"非典"的谣言，乃至一包板蓝根的价格被炒到了 300 多元。当时也有小部分人接触到了互联网，只是新闻的推送主要靠编辑人工分发，人们只能在论坛或 QQ 中进行有限的讨论，至于老百姓们关心什么，互联网并没有扮演起洞察舆情的角色。

反观新冠疫情，2020 年已经是互联网无处不在的时代，中国互联网用户规模已经达到 8.54 亿人，每人一周有 27.9 个小时花在互联网上，互联网的普及对与疫情相关的应急科普起到重要的传播作用。新型冠状病毒引发大规模舆论关注后，公众习惯性地在搜索引擎上搜索，在社交网络中分享疫情的实时动态，在资讯平台上浏览各种和疫情相关的消息，诸如肺炎、口罩、封城等关键词的搜索指数迅速飙升，如何防范新型冠状病毒、什么是 N95 口罩、传播途径等问题被集中搜索，热度远超春节红包、春晚等关键词。权威、全面和及时的信息，也让这场疫情不再是看不到的"黑匣子"。

从"非典"到"新冠肺炎"折射出了这样一个现象：和 17 年前相比，如今的信息分发途径已经发生了根本性的转变，用户的主动搜索以及互联网渠道信息的流通，已经取代传统分发模式成为用户接受和获取信息最主要的通道。也就是说，用户获取信息的方式，从被动接收转变为主动搜索获得，或是通过信息流的匹配分发来获取信息。

同样改变的还有人们的生活习惯，已逐渐成为公众购物主流的电商平台、餐饮外送行业等，极大地减少了人们外出行为，降低了人群规模化集聚的概率，也就降低了疫情爆发的机会，让"宅"成为人们对抗病毒传播的有效武器。

互联网的发展彻底改变了公众的行为方式，公众行为方式的转变也促使互联网平台得到了跨越式发展，进而促进了社会的进步。

二、疫情促使社会加速进入数字化时代

2017 年 3 月 5 日，李克强总理在政府工作报告中提到"扩大数字家庭、在线教育等信息消费""推动互联网＋深入发展，促进数字经济加快成长，让企业广泛受益、群众普遍受惠"，这是"数字经济"第一次在全国两会政府工作报告中被提出。

2020 年的全国两会政府工作报告中，再次特别强调了全面推进"互联网＋"，提到了一批跟互联网相关的关键词，包括工业互联网、电商网购、"互联网＋"、数字经济、共享经济、平台经济、跨境电商等。可以看出，数字经济的优势正在被释放，数字化正在成为一种生产方式，特别是在新冠疫情防控的情况下，数字经济发挥了重要的作用。

这次新冠疫情是世界遭遇的一次传播速度极快、感染范围极广、防控难度极大的公共卫生事件。部分国家和地区由于采取"封城、封国"或回避"三密"等措施，有意无意地切断或部分切断了实体经济及全球化所赖以存在的资源流动，严重影响

了全球产业链的正常运转。但另一方面,虽然全球人流、物流、资金流受到严重冲击,但是信息流却出现爆发性增长,数字经济与实体经济、虚拟空间与现实空间正在不断加强融合。如果说电商平台的发展改变了人们的购物方式,那么新冠疫情期间的居家办公、空中课堂、线上娱乐等"无接触"行为则颠覆性地改变了公众生活、学习、工作的习惯与方式。人们可能都未意识到,我们的社会就这样加速进入数字化时代了。

曾有专家指出,即使没有新型冠状病毒灾害,人类社会也必将进入虚拟空间与现实空间、数字经济与实体经济高度融合的时代。中国互联网络信息中心发布的《中国互联网络发展状况统计报告》显示,2019年中国数字经济规模已达31.3万亿元,位居世界第二位。截至2020年3月,中国互联网普及率已达64.5%,数字经济发展的用户基础越发坚实,而这次疫情更加速了数字化时代的到来。疫情让我们发现,无论国际还是国内层面,无论政府还是民间,无论大企业还是小企业,无论社会还是个体,有许多事情是可以通过互联网来实现的,我们的社会已基本与数字世界无缝衔接。

三、后疫情下的博物馆

博物馆作为人流密集的社会公共文化场所,不可避免地受到新冠疫情的冲击。2020年全球各地的博物馆接连宣布暂时关闭。这场疫情无疑给全球博物馆行业带来了巨大的威胁,同时也迫使博物馆行业对未来的发展不得不及时进行调整与改变。

联合国教科文组织发布的《全球博物馆应对新冠疫情报告》显示,在这次疫情中,全球超90%的博物馆采取了闭馆措施,其中超过10%的博物馆甚至将永久处于闭馆状态。大规模的闭馆直接影响了博物馆的财政收入。尽管一部分博物馆拥有政府拨款进行补贴,但许多博物馆的财政收入则依赖于门票收入、文创销售以及捐赠者捐助,闭馆对这类博物馆造成了严重的打击。根据《全球博物馆应对新冠疫情报告》,由于欧洲各国边境关闭,文化旅游急剧减少,欧洲博物馆的观众流失预计达到75%~80%,这进一步导致博物馆门票及相关商业活动收入的损失。据相关欧州博物馆网络研究显示,30%的博物馆每周损失1000欧元,25%的博物馆每周损失5000欧元,而一些大型博物馆每周亏损则高达到10万至60万欧元。

博物馆闭馆带来的财政危机直接威胁到工作人员的生存,国际博物馆协会在《博物馆、博物馆从业者和新冠疫情的调查报告》中指出,自闭馆后,超过80%的博物馆对项目活动进行缩减。为此,近30%的博物馆表示将进行裁员,其中博物馆的临时员工则处境更为堪忧,16.1%的被调查者表示他们将被暂时解雇,22.6%的员工则无法续约。

虽然博物馆行业遭受疫情冲击,但大部分博物馆展现出积极的一面,通过利用网络和社交媒体,发起了一系列线上活动。《博物馆、博物馆从业者和新冠疫情的调查报告》显示,近一半的博物馆表示在闭馆前便已经使用社交媒体并开展线上藏品展示。令人惊喜的是,在闭馆后,使用线上藏品展示、线上展览、直播等数字化服务的博物馆至少增长了15%。其中,博物馆对于社交媒体的利用更是增长了50%。对于线上活动的类型,《全球博物馆应对新冠疫情报告》指出,一部分博物馆在疫情前便利用现有藏品,通过在线藏品数据库、360°全景博物馆、虚拟博物馆、在线出版物、数字展览等数字化手段,向观众进行展示;在疫情闭馆后,许多博物馆则将原有的线下活动,如展览、讲座、音乐会通过直播等方式呈现给观众;一些博物馆则在闭馆期间发展他们的线上社交媒体活动等。这些案例充分显示,博物馆正积极利用数字技术去应对闭馆的困境,弱化了疫情的冲击,甚至走出了一条博物馆发展的新道路。

当前,新一轮科技革命和产业变革加速演进,人工智能、大数据、物联网等新技术、新应用、新业态方兴未艾,互联网迎来了更加强劲的发展动能和更加广阔的发展空间,社会将在数字技术驱动下,大步跨入数字化时代。政产学研各界都在厘清国内外趋势,推进数字化转型。

对于博物馆而言,数字化对博物馆有什么影响?社会公众对数字化的认识与接受度是怎样的?数字化能否对博物馆未来核心竞争力带来促进作用?这些问题都是值得深思和研究的。博物馆作为给公众提供知识、教育和欣赏的文化教育社会公共机构,理应在"后疫情"的数字化时代加速紧跟社会发展变革,积极拥抱数字技术,探索新技术在博物馆场景中的应用以及新的产业形态。

第二章 数字化时代概述与社会特征

第一节 数字化时代概述

一、数字化时代的定义

莱纳德·斯威特曾提出"我们不是在进入未来,而是在创造未来。"1764年,蒸汽机开始大规模应用,机械能的来源从低效的人力与畜力迅速进化成永不停息的蒸汽机,这开启了第一次社会化分工的大门,人类社会由此进入了工业时代。当年,旁观蒸汽机与马车赛跑时的马车夫在嘲笑这个笨重的大家伙时不会想到,这个庞然大物会在未来短短的几十年里将商业社会带入新的篇章。一个世纪以后,法拉第在展示电磁学原理的时候,向质疑者反问道"新生婴儿有什么用"时,当时包括法拉第在内的所有人可能都无法想象电气时代的美好前景。又过了一个世纪,晶体管的发明以及电子科技的发展重新定义了通信的方式,全球化的种子开始破土而出,计算机重新定义了"计算"的含义,人类社会进入现代化的全新时代。

截至今天,互联网的大规模应用不到十年的时间,智能手机的普及同样也就十几年的时间。人们在享受互联网与移动技术带来的便利的同时,眼花缭乱地看着各种各样新技术的诞生,人工智能已经能轻而易举地战胜人类的围棋选手,无人驾驶技术已经看到商用的曙光,3D打印技术已经成为了工业设计的重要手段,虚拟现实技术带来了新的体验,5G已投入商用——这一切都在宣告:数字化时代已经彻底来临!

什么是数字化时代?一个时代的分界点,常常使用具有代表性的生产工具来划分,例如:石器时代、青铜时代、蒸汽时代,而数字化时代其实就是电子信息时代的代名词,因为电子信息的所有机器语言都是用数字"0"和"1"作为代表,所以人们将其美称为数字化时代。换句话说,在这个时代中,所有的信息都在数字化,数字化时代是一个信息存在方式正在趋向于数字形式,以数字技术为运作规则的时代。

诚然,随着量子技术的突破,这种技术逻辑可能逐步会被改变。但是不论如何,这种数字为代表的电子信息时代,彻底改变了我们的世界。各种事物甚至整个世界转化为一连串的电子信号流,通过采样、量化及编码等过程,最后达成事物形态。人类理性的世界图景转化为一种可感的、具有虚拟性的生存世界，也就是所谓的虚拟世界。但这个虚拟世界却是真实的，数字也可以被看成是万物的本质，而现实世界只不过是数字的外化。

数字化时代是从何时开始的呢？根据社会信息化程度的发展差异，不同国家对于数字化时代的具体时间划分有所不同。欧美及发达国家的时间跨度概念是从1969年至2017年，我国及部分发展中国家的数字化时代指的是从1984年到未来，比欧美晚了15年。即便同在数字化时代中，社会发展阶段也有着鲜明的不同。在数字化时代初期，人们通过分析信息创造价值，即知识和信息共享度不高，跨部门、跨区域、跨国界的合作不足，人们只是通过因特网访问虚拟空间中存在的云服务（数据库），获取信息和数据并进行分析。随着数字科技的日渐发展壮大，云计算、智能感知等各种新技术正在社会场景中不断应用。人工智能会分析大量数据，并将结果反馈给各类应用场景，从而把以前无法实现的新价值带入工业和社会。目前日本等国已经开始摸索通过将网络空间（虚拟空间）和物理空间（真实空间）高度集成来实现新型信息社会。这是一个产业系统、技术系统和社会系统高度优化，通过物联网连接所有人和事物，共享各种知识、信息，从而创造前所未有的新价值来解决问题，以社会效益最大、风险成本最小为特征的可持续高度智能社会。

数字化时代定义的阐释给到我们一个重要信息，那就是数字信息已经渗透到当今每一个行业和业务职能领域，成为重要的生产因素。人们对于海量数据的挖掘和运用，预示着新一阶段社会快速发展变革时期的到来。

二、数字化时代的研究意义

数字化时代的定义并不只是划分一个历史时期那么简单，其背后预示的是另一套社会生存法则，新的社会生存逻辑将替代原先的逻辑法则，一切在数字化转型后都将被重新定义，这涉及所有行业，当然也包括博物馆行业。研究数字化时代，即研究数字化时代的社会特征，研究数字化时代所带来的种种影响，如何变革我们的各行各业，如何形成新的数字化生存，而我们又如何更好地做好数字化生存的准备来适应社会新的发展阶段。

（一）认识社会进入数字化的新阶段

数字化正以不可逆转的趋势改变人类社会，特别是新冠疫情进一步加速推动数字化时代的全面到来。电商直播、线上会议越来越普及，公众越来越习惯用手机处理各种事务，技术赋能带来社会治理创新，健康码为疫情防控、复工复产立下了汗马功劳……数字化越来越成为推动经济社会发展的核心驱动力，深刻变革全球生产组织和贸易结构，重新定义生产力和生产关系，全面重塑城市治理模式和生活方式。随着数据资源在链接服务引领型、功能型、关键型要素地位不断突出，全面推进数字化转型已成为国际上许多行业的主流观点及重要战略。

研究数字化时代首先需要认识社会所处的发展阶段，并对数字化时代的特征进行全面了解。决定数字化时代跟以往大不相同的是时间轴的概念。一是新技术创新的速度很快,快到超过想象;二是技术创新的普及速度更快。这两个速度叠加起来,就引出了时间轴的概念。

其次,多维度。最近很长一段时间人们在讨论降维、升维。数字化时代中,既不是升维也不是降维,而是必须多维度来展开策略。多维度的状态下,你才可以知道机会在哪里。

最后,复杂性。所有变化叠加在一起,再加上时间轴,复杂性超过以往任何一次技术革命带来的变化。

回到博物馆行业,把数字化时代的特征与博物馆的现代管理能力、服务能力去匹配,你会发现差距在哪里。其实大部分博物馆都在经历一个快速的数字化建设推进的过程。一些一流场馆已经基本完成了信息系统的全面铺建,开始进入了数据集成整合并且加以深化使用的阶段。然而大多数的场馆,普遍的数字化建设还没有全面完成,并且存在着大量多年前设计建设的陈旧业务系统。系统完全孤岛化、难以改造,要么存在相当的手工业务还没有业务系统支撑,这对于社会新的发展阶段来说,形成了一定的脱节,夸张点说就是行业跟不上社会整体前进的步伐。研究数字化时代,就是要认识到面对数字化社会及生存所存在的短板,要看清形势、抢抓机遇、乘势而上。博物馆面对新发展阶段的新机遇、新挑战,要牢牢把握社会数字化转型这项事关全局、事关长远的重大战略,增强坚定性和紧迫感,坚持整体性转变、全方位赋能、革命性重塑,才能在未来社会全面数字化转型这篇大文章中发展新奇迹。

(二)认清数字化转型发展的新趋势

从国际 5G 之争可以看出,全球都在进行数字化转型的战略部署。从 2019 年开始,5G 就成为扰动业界的最重要关键词。工信部宣布正式为中国移动、中国联通、中国电信和中国广电四家企业发放 5G 牌照,意味着这四家企业可以在合乎法规的前提下开展和 5G 有关的相关运营工作,中国正式进入 5G 元年。但我们是否真正了解其背后的重要性?它到底意味着什么?如果把 5G 与数字化转型放在一起,问题迎刃而解。

1. 数字化是全球大势

一般认为,5G 不仅仅是一种技术,更是云计算、大数据、人工智能以及虚拟现实等技术落地的核心基础设施。5G 的深入应用必将会带动更多新技术和传统行业的有机结合,产生更多的创新效应和推动全行业的数字化转型。为何我国 5G 领先企业会受到国际打压?我们看一下欧美发达国家在做些什么布局就能明白。

全球包括欧美日韩等在内的 14 个国家的制造业创新中心,围绕柔性制造、机器人、光子以及数字制造、轻量化、先进能源、复合材料、生物医药等,做了大量的布局和投入。美国有 17 个国家实验室,围绕信息技术、数字化转型等,大量布局相关的工作,这 17 个国家实验室仅仅一年的投入就达 138 亿美元。以美国为首的多个国家在大力推进大科学装置建设,比如射电望远镜这一类。这些国家花了10年以上的时间一直在布局信息高科技领域,并完成国家的转型。美国完成了从"轮子"上的国家到网络上国家的转型。欧洲完成从工业社会到信息社会的转型。日本完成从工业化到信息化的转型。韩国完成从重工业到信息化的转型。可以看出,全球主要的发达国家基本都是往数字化发展,这是全球的大势。

中国同样在进行网络强国、数字中国、智慧社会战略部署。我们可以看一下上海的城市数字化转型战略。到2025年,上海全面推进城市数字化转型将取得显著成效,国际数字之都建设形成基本框架。数字化基础设施国际一流,数字经济全国领先,数字贸易国际枢纽港功能完善,建成世界级数字产业集群,成为具有全球竞争力的金融科技中心和数字经济创新高地。数字生活成为新风尚,公共服务质量和效率进一步提升,构建充满活力的数字生活服务生态,形成人人享有更具品质、更加美好的数字生活新范式。治理能力全面跃升,数字规则更加完备,数据要素高效流动,形成引领全国的超大城市数字治理新模式。到2035年,成为具有世界影响力的国际数字之都。

无论是国际趋势、国家战略还是城市布局,各地的数字化方案都已正式提上议程,数字化转型已成为未来发展的必争之地。

2. 数字化是未来企事业发展的重要抓手

信息技术推动着企业的不断进步发展,在数字化、智能化的浪潮下,未来所有企业要么是数字化原生企业,即成立之初就按照数字化的模式建立和运营的企业,要么成为依托数字化转型/重生的企业。

互联网数据中心(IDC)在其发布的《2018中国企业数字化发展报告》中预测,到2021年,全球至少50%的GDP将以数字化的方式实现,数字技术将全面渗透各个行业,并实现跨界融合和倍增创新。而另一家国际咨询机构普华永道则针对来自26个国家的1155位制造业高管进行了访谈,了解他们对工业4.0及数字化运营的看法,并根据相关数字化成熟度指数,将这些企业中的领跑者称为"数字化冠军"。随后其发布的《2018年全球数字化运营调研》报告显示,"数字化冠军"企业大规模采用新技术,大多数企业都认识到了数字化所带来的巨大潜力。

IDC认为,在国内,金融、电商、制造、能源是企业数字化转型的集中领域。在金融领域,信息技术正越来越深刻地改变着传统银行的生态,各家银行都在"数字化"转型中快速迈进。网上银行、手机银行、微信银行等多渠道线上服务已成为各家商业银行的标配,而部分中小银行,尤其是地方城市商行借助数字化突围之势也在今年也愈发显著。在电商领域,新零售和数字化运营的模式被提及得越来越多。阿里巴巴、京东、国美、苏宁等企业都在以技术为核心,重构人、货、场三者之间的关系,以期实现从零售商向新零售服务商的角色转变。在制造业领域,企业对数字资产的价值挖掘开始形成风潮。航天云网、树根互联、海尔COSMOPlat等一批工业互联网平台相继涌现。

在企业数字化转型的背后,隐含着消费升级、技术进步、跨界扩张等因素,这些因素正在形成企业转型的动力,但无论是技术的迭代,还是模式的更新,实际上数字化的核心只有一个,就是通过技术升级、业务延伸、市场拓展等方式紧紧抓住企业发展的核心命脉。未来10~20年,来自产业服务和政府的驱动力,来自人工智能、大数据、万物互联的驱动力,将使数字化和全球化成为世界性的最大的两个趋势。因为数字化,未来大多数行业将被重新定义,数字化也将成为未来企事业的制高点,发展的重要抓手。

(三)认准数字化核心竞争的新方向

比较一下工业时代和数字化时代,我们会发现所有的东西都在调整,无论是环境、产品、市场、行业、公众行为,还是思维方式。用今天最时髦的说法就是,所有的场景都在变。当所有的场景都在变时,所有的一切都会被重新定义。在这一切都要被重新定义的时代,我们要关注的就不仅仅是怎样去改变的问题,恐怕是要怎样重构的问题,这已经不再是改变可以解决的,必须用重构才可以解决。

如果关注重构这一概念,我们会发现那些优秀的企业其实都朝这一方向走。比如说通用电气就在推动一个重要的改变,这个变革叫做"五大相互关联的变革",杰夫·伊梅尔通过五大相互关联的变革去完成一件事情,就是让通用变成是一家数字化的公司,不再是传统的制造公司,不再是一家服务型的公司,不再是一家技术驱动的公司,而是要完整地变成一家数字化公司。亚马逊也是一样的道理,喊出了买东西"不用排队"也"不用结帐",甚至"没有收银员"的策略调整,以完成其数字化生存的安排。再看看国内,电商平台起家的阿里巴巴要做高科技企业,怎么评价不去讨论,但我们可以看出一件事,那就是在数字化时代,无论之前是如何对待技术,今天都得尊重技术,都得根据技术的逻辑来增强企业的竞争力、生存力,都得找到一个数字化生存的方向。那么,在这重构的浪潮之中,我们、企业、行业、社会都需要研究具体哪些方向呢?或者说,需要达到什么样的标准或程度来实现数字化重构?可以从三个方面来切入这个问题。

1. 全数据治理

我们知道,数字化转型的核心是对数据价值的充分挖掘和运用,以创造新的生产力。技术层面具体体现为企业数据平台的建立、数据采集、分析、挖掘和智能场景的拓展。从国内外实践来看,进入数字经济的企业,一般以从互联网起步的新兴行业为主。近年来,传统行业中的先进企业也快速进入这一行列,其路径一般来说是从信息系统全面建设基本完成开始,逐步进入大数据,企业级数据仓库,数据湖以及数据中台建设、数据分析场景及数据驱动应用开发、再到全面数据服务化和智能创新应用这样一个过程。

实际上,很多行业都还没有做好数据治理的准备,甚至不明白什么是全数据治理。数据治理的知识体系分为管理和治理。管理可能比较偏技术一点,数据模型、架构、数据质量、元数据各种各样的职能,其实在很多企业中都在开展这项工作,但因为缺少统筹规划、机制、工具,导致这些职能都是比较分散在做,对于数据智能的价值的体现并没有起到很好的支撑,这些职能的中心,是数据治理。数据治理工作过程中我们比较强调数据的生命周期,不能说等平台采集数据之后,才去关注数据,我们要在数据中台之前的源端业务系统中就要关注这些数据的治理。

博物馆的全数据治理,就是从观众进馆的那一刻起,甚至是进馆前的线上预约开始起,就采用全数据管理的方式进行介入,包括观众来源、参观时间、观展地点、兴趣分析、年龄分层、满意度等等,最终形成一整套用户画像,再匹配中台、后台的教育、运营智能策略来实现更佳的体验、更好的教育、更有效的文化传达。这种模式实现的关键就是数据一定要从产生端、业务源头去治理。

2. 全应用实现

数据治理经过这些年的发展之后,要更加注重场景化和价值的实现。如果说数据治理是技术理论,应用场景就是实现功能的具体手段,是博物馆业务处理的前台呈现。只有当数字应用场景全都实装后,博物馆所设计的数字化转型才能真正实现运转。

那么有哪些场景可以进行数字化转型并实现应用呢?最为通用的一般是服务场景。博物馆作为一个服务机构,首先要了解、熟悉观众,然后才能为观众服务,满足观众的需求。数字化的博物馆在设计服务场景时,可以基于信息传感技术,核心是以人为本,"人""物"交互,即通过先进的智能技术将展陈、环境等实现网络互联,通过信息化管理,准确接收和反馈观众的行为,能在沟通的基础上,进一步挖掘和满足观众不同的需求,进一步发挥藏品在研究、展示和教育方面的社会功能,使得服务社会公众的能力更为强大,更为人性化。《2010年国家一级博物馆陈列展览与教育评估报告》指出,博物馆大部分的基本陈列,无论是静态展示还是动态展示,观众始终处于被动接受的位置,既不能从本质上改变基本陈列的"教科书"式模式,也不能从观众接受信息的过程中得到观众的反馈。利用数字技术,重建并加强博物馆与观众之间交流,通过记录观众行为信息的大数据库和在此基础上建立的动态化服务管理系统,实现观众参观、活动的自动化管理与沟通。如南京博物院信息系统包含了电子票务系统、观众分流和指挥调度系统、观众导引内容制作和发布控制系统、无线设备接入系统、多媒体导览系统等。从进入博物院开始,观众随时能感受到交互式的管理服务。观众领取电子门票获得参观资格,以及参观过程中的位置定位、线路导航、获取资料等。服务台实时管理与调节,及时了解观众的流量信息,疏导观众流量以实现舒适合理参观,并随时为不同需要的观众提供信息服务。博物院根据大数据提供的数据统计,汇总分析不同年龄、不同地域、不同性别观众喜欢的展览类型、展品特点、教育活动和互动项目,挖掘出数据间的关联性以及数据深层次的意义,根据观众需求,有针对性地设计展览、活动及相关的宣传推广计划①。

其次,管理场景应用也是每个博物馆所必须的。通过充分运用物联网、云计算、大数据、移动通信等新一代信息技术,全面、系统地洞察世界,为博物馆的决策管理工作提供可靠依据,充分利用有效资源,使管理工作更为科学、智能、高效。管理场景具体体现在博物馆内部管理与外部管理。内部管理无外乎人、财、物三个方面,围绕藏品、财产和人力进行数字化管理。藏品管理的数字化运用,要求综合运用各种先进设施设备和最新技术手段,并通过制度化监管,为藏品提供最为合适的收藏场所、最为有效的安全使用方式。财产管理可根据博物馆主要业务需求,为资金、设施设备等资源的配置、使用和调动等管理决策提供支持。人力资源管理的数字化主要为实现人才的培养和人员绩效的科学化管理提供决策支持。外部管理的目的是加强博物馆与公众之间的联系,提高博物馆对公众、对社会的服务水平。重点围绕展陈及活动展开,通过对观众年龄、学历、心理、行为、需求等各类数据的收集和分析,从保障藏品安全、提高展陈质量、改善参观体验、优化服务内容等目标需求出发,为管理决策提供支持。

博物馆可应用的数字化场景非常之多,还包括场馆运行、智慧共享、文物保护等等,可根据场馆实际需求进行设计,而这些应用的实现就是构建博物馆数字化功能不可或缺的四梁八柱。

3. 全流程再造

进入数字化时代,对于企业来说,数字化生存的另一层含义其实就是管理重构。

在美国,所有的零售公司都会被投资人和媒体问一个问题:在亚马逊的挑战下你会有什么对策?我们看通用、看阿里、看腾讯、看京东、看华为,相信都会有同一个概念:它们将会是数字型的公司。如果以这一逻辑来讨论,是否我们就应该看到数字化时代最大的变化是对领导者和管理构架的挑战,这是所有的管理者都会遇到的经历,就是你要挑战你的思维,要放弃你所有的经验。在这样的概念当中,你就会发现你的思维模式完全是以一个重构的方式来做。而重构最大的挑战是什么?不是接受新观念,而是放弃老观念,放不掉老的观念就无法接受新的。

大部分博物馆的历史都相对悠久,馆内传统业务流程已经积累多年,用新技术打破这个链条的话,需要重新设定所有部门的职责,这对博物馆的管理架构是一个很大的挑战。

从场馆运营来举例。传统的票务业务,一般是经营管理部门负责,采用现场人工售票、人工检票、人工导览的方式。而采用数字化转型后,一般门票都会采用网售的方式,或者进行免费线上预约。观众在前往博物馆的路上就能事先解决入馆

---

① 宋耀文.智慧博物馆架起沟通的桥梁[C]//广西博物馆协会首届学术研讨会暨广西壮族自治区博物馆第七届学术研讨会论文集,2014,5:66-69.

门票问题,到馆后可以通过二维码扫码或者刷证件入馆,除特殊需求,一般不用依赖场馆人工服务。在这整个流程中,场馆信息化部门会直接介入到网售网约的管理流程之中,而经营部门大部分是负责具体末端的实施操作。数字化的转变,改变的不仅是管理流程,同时改变了部门间的工作界面划分。

再从人员需求方面举例。2010年上海世博会期间,市内各场馆的人工讲解服务供不应求,当时还没有较为先进的数字技术来支撑语音导览服务,所以各馆都在着重培养讲解员的队伍。而随着技术的革新,如今基于微信、小程序等各平台的智能语音导览已普及化发展,博物馆不再需要大量的人工讲解队伍,而是要把重点放在讲解内容研究和平台维护的人才培养中。数字化改变了博物馆传统业务的流程与信息获取特性,更改变了博物馆背后所需要的人才队伍结构需求。

由数字化引发的流程变化、业务重构所造成的影响和辐射面不是简单思考就可以预计到的,它的变化可能是所有,即全流程再造。可能由此你会发现一个特点:现在发生迭代和改变行业的并不都是大企业,更多的是小企业。大企业往往倾向于守住自己原有的优势,不愿重构流程,是小企业在重新定义行业。因此,企业的大小变得不再重要,因为一旦行业被重新定义,突破边界、打破了行业游戏规则,大企业会很快遭遇到巨大的挑战。因此,博物馆无论大小,无论过往是否是世界一流,在这数字化的浪潮中,谁能更快适应数字转型,谁就能在未来赢得先机,这点新冠疫情已经足够证明。

第二节 数字化时代的社会特征

一、数字化是技术更是资源

数字化进程的普遍展开,会形成海量的基础信息数据,而这些基础信息数据,又将成为人们工作和生活领域所不可或缺的重要资源要素。这就意味着,除传统意义上的土地、原材料、劳动、资本和管理才能等资源要素之外,数字化的数据信息,已经成为又一类新的资源要素。基础信息数据的生成、获取以及分析、运用,将带来巨大的经济价值和社会价值。信息数据资源的开发和利用所能创造的价值,将具有无可限量的伸展空间[1]。

(一)数字技术让数据成为强大资源

1. 数字技术催生海量信息化数据

数字技术(digital technology)概念在世界范围内尚未有统一的标准。根据目

---

[1] 李一."数字社会"的发展趋势、时代特征和业态成长[J].中共杭州市委党校学报,2019(5):83-90.

前国际上主流的研究观点可知,数字技术是指借助一定的设备将各种信息转化为电子计算机能识别的二进制数字后进行运算、加工、存储、传送、传播、还原的技术,可以泛指包括移动互联网、物联网、大数据、云计算和人工智能等在内的诸多技术。

数字技术的崛起,催发了信息化数据的诞生。什么是数据?从结绳记事,到文字的发明,再到数字化时代,人类用抽象的方法记录信息,认知世界。这些抽象的记录就是数据,它让我们可以存储、交流、提取认知的信息。数据,意味着什么?人们所做的工作,都可以通过数据来实现:研究报告、编程开发生成软件、设定程序机器生产。人们所经历的生活,都离不开数据:网购、物流、外卖、订票、理财等。分析海量的公众行为数据,就可以分析用户的思维方式和喜好,从而挖掘出更多背后的价值。比如,分析网络上微博粉丝留言,进而判断民众情绪,就可以判断社会舆论走向。

2013年初,《哈佛商业评论》和《MIT斯隆管理评论》都聚焦探讨过数据这个话题,众多学者提出一个观点:在未来,数据将会像土地、石油和资本一样,成为经济运行中的根本性资源,数据科学家被认为是下一个十年最热门的职业。在未来,数据会成为像水、电、石油一样宝贵的公共资源。可能很多人不理解,数据为什么会成为生产资料,为什么会成为像石油一样宝贵的资源。数据是虚的,大多数的企业还仅仅停留在将数据作为了解事物发生和发展的工具性信息,甚至有的企业"因为业务太繁忙",还没来得及记录、收集、整理自己内部的数据。人作为重要的劳动力,在60多年前,德鲁克在其经久不衰的《管理实践》一书中明确提出了"人力资源"的概念,他认为人力资源拥有当前其他资源所没有的素质,即"协调能力、融合能力、判断力和想象力",是一种特殊的资源,必须经过有效的激励机制才能被开发利用,并会给企业带来可见的经济价值。人力是资源,从传统意义上讲,劳动力制造出生产资料,带来生产资料的增值溢价,企业获得利润。而优秀的人力能够产生更多的附加价值。技术在生产过程中很重要,邓小平说科技是第一生产力,有了技术,产品就有了竞争力,就能够获得溢价,就能够产生利润,技术是重要的生产资源。数据也具有类似的特征,它是一种特殊的资源。数据通过被深度挖掘和分析,能够为企业经营和管理活动带来可见的经济价值增值,能够更加有效地发挥其他资源的创造力,提高其他资源的产出效率。

博物馆有了观众数据,就能够更好地了解公众的需求,有针对性地提供个性化服务,从而让博物馆的服务有更高的社会价值;博物馆有了运营数据,就能够更加清楚地知道馆内的资源配置是否合理,从而提高内部的运营和管理效率;博物馆有了行业数据,就能够更加清楚地认知外部环境,做出更好的管理决策,降低决策风险,减少决策失误,更好地可持续性发展。数据作为博物馆活动的"晴雨表",还可以利用其不断总结出业务规律,指导实践。数据已逐步成为战略资源的一部分。

2. 数字技术赋能数据更为强大

对数字技术与数字资源的深度分析应放在它带来的强大影响上,包括与其他技术的融合发展、由数字技术普及应用带来的社会变革。可以说,人类社会的发展史,是一部从弱连接状态到强连接状态、从低度信息化向高度信息化逐步演变的历史过程。在互联网还没有完全在中国普及时,大多数人通过图书馆来查找相应的资料;而当互联网逐步普及之后,人们便开始利用互联网的搜索功能来获取自己想要的资料。随着信息时代的到来,互联网之中的信息越来越多,想要从浩渺无边的信息海洋中找到自己需要的信息就变得越来越困难。如果在互联网上能够有一个类似"图书馆"的地方,可以将众多的信息容纳其中,那么寻找资料就方便多了。随着数字技术的突破发展,云技术逐渐走进了人们视线之中。将数字资源存储到"云"后,就可以提供给每一位互联网用户使用。云计算技术的出现使数字成为像水、电和煤气一样的资源,可以像商品一样流通,用户根据使用的多少来缴纳相应的费用。而随着移动互联网以及物联网技术的兴起,用户可以更加方便地访问云环境,获取其中的资源。云计算技术的不断成熟与发展,也使云计算的应用范围逐渐扩展。

  数字技术与数据的结合让数据变成了更为强大的资源,在科学研究领域,云计算技术能够提供强大的计算能力,科研人员利用存储在"云端"中丰富的大数据资源,可以大大缩减大型科学计算应用的执行时间,从而缩短科学研究的周期。在工业制造领域,数字技术通过建立大数据服务平台促进制造业完成了数字化转型,使制造企业从单一的产品供应商向整体解决方案提供商以及系统集成商转变,并且为制造企业提供信息共享和制造流程自动管理等服务,最终推动制造业数字化和全球化的发展。在教育领域,数字技术可以更加高效地统筹教育资源的分配。教育资源分配不均始终阻碍着各国教育的发展,而当数字技术进入教育领域后,就能将教育资源全部搬到"云端",让偏远地区的学生也能够通过"云端"享受先进的教育资源,从而逐渐实现教育资源的优化配置。在家居生活领域,数字技术同样发挥着重要的作用。利用无线互联网技术,各种家用电器设备都可以统一接入智能管理网络,就可以通过手机或其他控制设备远程操控家中的各种电器。而处于物联网中的各种家用电器也可以不断记录用户的使用习惯,从而不断协调各个设备之间的工作,为用户提供更加智能和舒适的生活。

  著名未来学家约翰·奈斯比特认为,"在社会多方面的变化中,从工业社会到信息社会的转变更为微妙,也更具有爆炸性。"数字技术的应用使人类社会呈现出高度在线化和网络化的特征,作为数字技术的重要组成部分,云计算技术发展于数字化时代的"信息大爆炸",通过将原本庞大冗杂的数字信息聚合在"云端"的资源库中,让数据信息变成了数字化时代中最具价值的一种资源。

(二)全世界都可以量化为数字资源

1. 量化一切,数据化的核心

  记录信息的能力是原始社会和先进社会的分界线之一。早期文明最古老的抽象工具就是基础的计算以及长度和重量的计量。公元前 3000 年,信息记录在印度河流域、埃及和美索不达米亚平原地区就有了很大的发展,而日常的计量方法也大有改善。美索不达米亚平原上书写的发展促使了一种记录生产和交易的精确方法的产生,这让早期文明能够计量并记载事实情况,并且为日后所用。计量和记录一起促成了数据的诞生,它们是数据化最早的根基。

几百年来,计量从长度和重量不断扩展到了面积、体积和时间。公元前的最后一个千年,西方的计量方法已经基本准备就绪,但是还是有着比较严重的缺陷。早期文明的计量方法不太适合计算,哪怕是比较简单的计算。比如罗马数字的计算系统就不适合数字计算,因为它没有一个以 10 为底的记数制或者说是十进制,所以大数目的乘除就算是专家都不知道该怎么算,而简单的乘除对一般人来说也不容易。

大约公元 1 世纪的时候,印度发明了一种自己的数字系统。它传播到了波斯,并在那里得到改善,而后传入阿拉伯国家,并得到了极大的改进。这也就是今天使用的阿拉伯数字的前身。"十字军"东征给当地人民带来了彻头彻尾的灾难,但同时也把阿拉伯数字带到了地中海东部。公元 1000 年,教皇西尔维斯特二世开始倡导使用阿拉伯数字。12 世纪,介绍阿拉伯数字的书籍被翻译成拉丁文,传播到了整个欧洲地区,这也就开启了算术的腾飞。

算术赋予了数据新的意义,因为它现在不但可以被记录还可以被分析和再利用。伴随着数据记录的发展,人类探索世界的想法一直在膨胀,我们渴望能更精准地记录时间、距离、地点、体积和重量等。到了 19 世纪,随着科学家们发明了新工具来测量和记录电流、气压、温度、声频之类的自然科学现象,科学已经离不开定量化了,而人类对于量化一切的热情却始终没有减退。

新工具和开放的思维促进了测量事物和记录数据的繁荣,而现代数据化就诞生于这片沃土之中。数据化的基础已经奠定完好,只是在模拟时代这依然是费时费力的。有时候需要无穷无尽的热情和耐心,或者说,起码也要有奉献一生的准备,比如 16 世纪的第谷·布拉赫夜夜细心观察天体运动。数据化在模拟时代成功的例子并不多,因为这需要很好的运气——一大串的偶然巧妙地结合在一起。计算机的出现带来了数字测量和存储设备,这样就大大提高了数据化的效率,这也使得通过数学分析挖掘出数据更大的价值变成了可能。简而言之,量化带来了数据化。

2. 从数据化到数字资源

英国物理学家开尔文勋爵(Lord Kelvin)曾说:"当你能够量化你谈论的事物,并且能用数字描述它时,你对它就有了深入了解。但你如果不能用数字描述,那么你的头脑根本就没有跃升到科学思考的状态。"随着数字技术的不断发展,用数字量化万物的思想,正在一步步变为现实。

许多创业公司通过测量人们夜间的脑电波来试图找出他们的睡眠模式。ZEO 公司则早已制作出了世界上最大的睡眠活动数据库,揭示男性与女性睡眠时快速眼动量的差异。Asthmapolis公司将一个感应器绑定到哮喘病人佩戴的呼吸器上，通过GPS定位汇总收集位置数据，可以判断环境因素对哮喘的影响。2009年，苹果公司就申请了一项专利，通过音频耳塞收集关于血液氧合、心率和体温的数据。获取数据正变得比以往任何时候都简单而不受限制。在大多数情况下，我们会采集信息并将之存储为数据形式再加以利用。几乎所有领域，任何事情都能这样处理。很多人对"物联网"有着宗教般的狂热，试图在一切生活中的事物中都植入芯片、传感器和通信模块。这个词听起来好像和互联网亲如姐妹，其实不过是一种典型的数据化手段罢了。

数据化是无形的，也许我们并未意识到它的存在，但是数据化形成的数据资源会给社会带来根本性的变革。水渠让城市的发展成为可能，印刷机推进了启蒙运动，蒸汽机推动了工业革命，电话为长途通讯奠定了基础。但这些基础设施都侧重于功能。相比较而言，数据化代表着人类认识的一个根本转变。有了大数据的帮助，我们不会再将世界看作是一连串我们认为或是自然或是社会现象的事件，我们会意识到本质上世界是由信息构成的。

随着整个社会数字化程度不断加深，越来越多的事物开始被量化。在整个量化的过程中，数据化成了关键，其发展让整个世界都变成了可以被量化的存在。比如，在设计方面，传统的绘图模式借助于人力手工，不仅耗时耗力而且准确率需要反复确认。随着数字技术的进一步推广，绘图的数据变成一种可组合、拆分、联动的变量，各种专业的绘图软件被开发出来，不仅能高效地完成工作还能创新图案样式。以前人们的阅读方式主要是从报纸、书刊上获取所需要的知识和信息，随着数字技术开始进入大众传播领域，传统的纸媒资源被分解量化为一个个的数据资源，再借助于数字技术，在计算机或移动终端上以新的形式出现，也就是我们说的电子书。越来越多的数据化导向的终点就是数字资源池——一个庞大的数字资源系统，它让我们的生活变得简单、便利，工作更为高能、高效。

以博物馆行业为例。2012年4月，巴黎卢浮宫博物馆建设了欧洲首个智慧博物馆，此后，各种创新技术和服务被不断探索和应用，如基于定位的展品内容推送、基于可穿戴设备的人机互动、藏品的高保真3D扫描等。2015年，北京故宫博物院推出了"数字文物""数字建筑"，故宫端门还有专门的数字馆供游客免费参观。数字技术将景区量化为简单的数据信息，然后通过互联网以新的形式呈现出来，让游客遍览景区全貌的同时，还能感受到数字技术带来的游览乐趣，这种将传统的旅游与数字技术相连接的形式，正是"互联网＋旅游"的重要实现途径。

数字技术的应用和发展让整个世界变得越来越简单，最后你会发现，整个世界都会被数字技术量化为无数的数据信息，而这些数据信息最终都将在互联网或者其他载体上获得重组，完成重组后所形成的数字化的新事物将会让我们的生活变得更加便捷，同时也会为我们的生活创造出更多价值。

二、数字化打破信息传播法则

(一) 传统传播渠道的变革

数字技术的出现实际上已经改变了传统的信息传播法则,在数字化时代,信息传播手段和平台越来越多,也越来越"亲民",普通人在信息传播过程中扮演的角色也越来越重要。数字化时代对信息传播模式的影响,主要体现在四个方面:

1. 传播途径的改变

在互联网以及移动互联网的挤压下,传统的传播渠道如电视广播等途径在传播中发挥的作用越来越小,网络信息平台在传播中发挥的作用逐渐增大,公众可接触媒体的渠道越来越多。传统信息以书面载体为主要传播手段,辅以电话、电报等,手段相对单一。现今,人们不仅可以在家里的电视上观看影视剧,也可以在手机、平板电脑等多种设备上观看。在数字化时代,数字网络的复杂性给信息的传播提供了更加多样化的手段,嫁接在各种数字传播平台上的传播手段多种多样,在很多时候,信息就在数字网络中被潜移默化地散播开了。

2. 传播主体的改变

传统信息的传播几乎完全是政府、机构做主导,传播是中心化的,受众只是一个接受者和被说服者的角色;而在数字化时代,受众逐渐成为信息传播的主体,他们不仅负责信息的传播,还负责信息的生产。以微博为代表的社交媒体对信息的裂变式传播起到了推波助澜的作用。在新环境下,信息的传播者和接受者的角色在进行改变,传播从"一对多"的关系变成了"多对多"的关系。互联网以其去中心化著称,而去中心化则带来了话语权的下放。在网络这个信息交流平台上,人人都有发言的机会,于是传统的话语权威被解构,进而崩塌,新的草根势力崛起,受众主体性被最大化。

3. 传播方式的改变

如果说推特和微博把大家带入了 140 字的"浅阅读"时代,那么 PINTEREST、堆糖网这样的网站又把受众带入了读图时代。社交图片分享社区 PINTEREST 在 2011 年迅速崛起,成为脸谱网和推特之后的美国第三大社交站点。在中国,我们除了有堆糖网这样的图片社区之外,更有借用"瀑布流模式"的社交化电商站点,如女性购物社区"蘑菇街"和"美丽说"。当网民沉溺于让人目不暇接的图片"大餐"时,短视频时代迅速空降,抖音、快手这种以短视频为主要传播手段的方式很快征服了全球数以万计的用户。

4. 显性传播到隐性传播的改变

传统信息的传播都有直白的目的,让人一目了然;但在数字化时代,传播越来越社交化、娱乐化,很多信息都是在人与人的社交中传播开来的,并不涉及直接目的,信息更多地隐藏在了数字网络受众的活动背后。比如,我们对"公众调研"的定义不再限于定量问卷类研究或定性访谈的结果,而是涵盖了 360°的数字足迹,包括社交媒体里他们说的每一句话、电子商务网站上的交易记录、移动端与 APP 的互动。我们可以利用数据挖掘工具,在社交媒体上衡量公众的关注度、喜好度、健康度等一系列指标,达到获取隐形传播信息的目的,从而制定更适合公众的各类策略。

数字网络带来的信息大爆炸给大众生活带来了颠覆性的改变。在数字化时代,适者生存,数字网络技术缔造了新的传播法则,只有掌握这些法则,才能够在这个时代奠定你的优势。如果你还不明白数字化时代的传播法则有哪些巨大变革,你可以了解一下植入性广告这个已经不陌生的新概念。2011 年的好莱坞大片《变形金刚3》中,最让人印象深刻的是什么?对很多观众来说,答案不是擎天柱和霸天虎的决战场景,而是颇为"雷人"的伊利营养舒化奶的台词植入"Let me finish my Shuhua Milk(让我先喝完我的舒化奶再跟你说)"。作为伊利的媒介公司,传立媒体全程参与了这次品牌造势,策划了整合数字营销策略,获得约 2 亿次的品牌曝光,远超过国内影院里千万级别的曝光数。可见,数字媒体的用户基数和各种新兴应用可以转化为巨大的市场潜力。

必须承认,不在电视上"看电视",不在报纸上看新闻,不在杂志上看图片,这就是后数字化时代信息传播的现状,这也是数字社会变革的一大见证。

(二) 信息与时空的碎片化

所谓"碎片化",英文为 fragmentation,原意为完整的东西破碎成诸多零散的小块,在 20 世纪 80 年代末常常见于"后现代主义"研究文献中,最早指传统社会向现代社会过渡时期的社会"碎片化"特征。自"后现代主义"研究以来,"碎片化"一词已被广泛应用于我们当今时代的各个领域,换句话说,"碎片化"已不止于一个学术性的抽象表达,它已成为我们普通生活的常态化表现[1]。

1. 信息传播碎片化的特征

随着智能手机、电脑、电子阅读器、互联网等高科技设备与技术的日渐普及,信息的获取悄然发生着改变,时间与信息的"碎片化"逐渐显现。那么碎片化具体体现在哪些方面呢?

传播环境时空的碎片化。传统媒体在进行传播活动时都要有一个空间和时间上的中心。报社、编辑部、演播室、新闻发言人等掌握话语权的人和机构都是传播环境空间的中心,我们使用大众媒体进行传播活动时通常要在确定的时间段里,这是传播环境时间的中心。传统的大众传播活动要在特定的时空中,这就将受众和传播者隔离开来,特定的传播环境营造出一种仪式感,将大众传播活动神秘化。而数字社会则摆脱了时间和空间上的限制,尤其在移动网络广泛应用以后,更没有时间和空间上的中心,整个传播时间和空间都被撕裂成了碎片,随时随地都可以进行传播活动,没有中心的传播媒介打破了之前传播者的权威,也使大众传播活动去魅

---

[1] 谭放. 大学生碎片化阅读与高校图书馆的阅读教育[N]. 深圳职业技术学院学报,2020(6):72-76.

化。这种在空间上的碎片化极大地解放了传播者的主体性,也使得网络传播活动更为自由[①]。

信息分布的碎片化。传统媒体传播的内容大多是以线性叙事为主的完整的信息,人们习惯了接受完整的一段信息,而数字技术的发展与普及打破了这个规则。互联网催生了信息大爆炸,而爆炸的结果是我们淹没在信息的海洋中,这些信息大都是旧有知识体系崩裂后重新排列组合的产物,信息碎片遍布网络世界。在这种情况下,一则完整的信息往往与其他很多在内容上与之有关系的信息相互链接,人们可以随时从一条信息跳跃到其他信息中,网络传播的分布趋向碎片化、非线性化,这种非线性的信息结构,极大地方便了受众获取信息的过程,节省了大量的时间,极大地提高了学习和工作的效率,网上冲浪正是这种接受碎片化信息的体验。

信息内容的碎片化。传播信息的日趋短小也是碎片化的一个表现。以短视频为例,短视频的长度一般在15秒左右,对于知识科普类的内容,长度一般也不超过5分钟。利用大数据定向推送、资源倾斜,大众接受信息方式变成了无意性,一旦某条视频的内容满足了用户的需求,相似的内容就会继续推送。在连续性的工作或学习之余,普通大众很难有较长的持续时间来专注某件事物,短视频则很好地填充了大众的碎片时间,人们在旅途中、等待中利用移动终端可以随时随地地观看视频。短视频的评论、点赞、弹幕功能,不仅打破了单向的传播模式,同时让大众参与到信息的创作与交互中,对于内容的黏性不断增强。在文化碎片化、知识碎片化的今天,多样化、碎片化的阅读、浏览和消费是一种主流趋势[②]。

受众注意力的碎片化。和传统媒体相比,数字技术使信息传播的速度及更新的速度不断加快。公众通过不同渠道接触信息,且一直处于信息的包围当中,有人甚至因此有了信息焦虑症。快速的更新和海量的信息,导致人们的注意力只能是片刻的、即时的、转瞬即逝的。能引起人们注意的信息很快就会被信息的海浪卷走,消失在茫茫的信息大海中,而人们的注意力又会被下一个能刺激我们神经的信息所吸引。因此对于海量信息的冲击,人们的注意力只会是碎片化的。

2. 数字技术推动信息传播碎片化

"碎片化"的传播方式满足的是受众以自我为中心构建的信息传播与接受体系。在这里,彰显的是受众自己的个人特性,任何观念都以是否满足了"我"的需要及喜好为衡量标准。如果说,公众对信息创造与接收的变革是造成信息传播碎片化的内在源动力,那么数字技术的应用与发展则起到了推波助澜的作用。

传播媒介的移动性使得传播时空进一步碎片化。从微信网页版的诞生过程我们可以看到,很多互联网服务初始只是针对手机用户的,后来才把手机和网站进行结合。而手机最大的特性就是移动性。这种移动性使得凡是有网络覆盖的地方,

---

① 刘剑敏,李润权. 论网络的碎片化特征[J]. 新闻爱好者,2011(18):42-43.
② 潘登. 碎片化传播语境下非物质文化遗产的传播[J]. 视听,2020(12):192-193.

都可以发布信息,这样就使得传播的空间大大拓展。手机移动性的特征使得人们可以抓住几乎所有的空余时间来进行传播活动,这样的传播方式既满足了传播者随时随地的表达欲望,也满足了受众可以抓住空闲时间即时方便地接收信息的需求,这样就使得传播环境的时空进一步碎片化。

信息量的限制使得传播内容进一步碎片化。Twitter 刚开始时对发布的内容字数限制在 140 个字符以内,这是针对手机特性而设置的,因为手机短信一次只能发 140 个字符。但没想到这种限制在网络上受到热捧,这种碎片化的信息使得传播信息的发布和接收都方便了许多,也让传播活动接收和发布的双方轻松了许多。对传播信息内容长度的限制,使得传播者在进行传播活动时只能表达事件中最为主要的部分,这就使其更加注重表达的简练,强调信息传播的速度,而非内容的全面性。信息的接收者也能在最短的时间里掌握信息的最主要信息。这是网络信息泛滥的必然结果,人人都想在最短的时间里去获得尽量多的信息,碎片化信息的出现理所当然。这些"碎片化"信息因其简短、零散,使得人们获得的信息更加丰富多彩,满足了人们对信息获取的基本需求。

信息平台的交互机制使得受众结构进一步碎片化。微博与一般的网络传播活动最大的区别之一就是关注和粉丝的设置。其中,关注就是用户所关注的其他微博客,而粉丝则是关注用户自己的其他微博客。以新浪微博为例,在用户的首页上,一般只出现用户所关注的人的微博信息,用户所发布的微博信息则会出现在关注自己的粉丝的首页上。这实际上是根据自己的需要和兴趣来选取要关注的人,而关注你的人也是觉得和你有一定的共同点或者是对你有感兴趣的地方。这样的传播活动是一种典型的分众传播。这种关注机制其实就是一种信息定制服务。在信息定制服务出现以前,用户在网络上面对大量的信息,还需要自己进行筛选、过滤,来找到自己想要的信息。但信息定制服务,使得受众"选我所需"的需求得到了满足。"受众的分化形成了许许多多受众者群落的'碎片',传播致效的一个基本前提,就是必须开始特别重视每一细分的个性化族群的特征,以及每一位单一消费者的个性和心理需求"。在受众选择自己需要的信息时,根据个体的需要而自发聚集起来的群体,完成了对受众群体的细分,受众个性化的需求组合成了受众结构的"碎片化"①。

3. 信息传播碎片化的影响

回想一下,自己已经有多久没有静下心来看完一本书,或是写完一篇完整的文章了。回答一般是消极的。不是精力不够,而是在快节奏的数字化时代,我们的时间已经被数字网络分割成了无数的碎片。随着数字技术的发展,人们获取信息越来越容易,原本很难得到的一些信息,或是做到的一些事情,现在通过一部手机、一台电脑就可以轻松获取完成。碎片化的信息生活呈现一种离散态:一方面,社会群

---

① 刘剑敏,李润权.论网络的碎片化特征[J].新闻爱好者,2011(18):42-43.

体碎片化导致媒介传播意见和信息接受的非中心化;另一方面,是微博、微信等数字"微"媒介勃兴,传播通路的激增,海量信息导致的个人信息接触点呈离散化态势。信息传播的来源、主体、时空、手段、渠道、释义、文本都呈现出不同程度的碎片化。信息大爆炸让我们的生活发生了翻天覆地的变化,人们在生活的角色也在不停的变化:上一秒是脱口秀的听众,下一秒就是一名脱口秀演员;上一秒是购买者,下一秒就是带货人。数字化时代的信息碎片化,其实为了让信息资源化、知识化,商业信息也就有了更多伪装的机会,更容易被大众接受。

信息的碎片化有两个影响:一是公众很容易被吸引住,但是注意力较低;二是碎片化的信息使得信息的价值降低。例如:使用微信公众号阅读文章的用户,能够从头到尾的阅读完整文章的用户不到万分之一。我们自己也深有体会,在网上浏览或是阅读新闻的时候,也往往有跳跃浏览、简短浏览的习惯,这都是因为持续关注力降低的原因。另外,因为接触的信息都是呈现碎片化状态,所以缺乏完整的逻辑线,不能客观、全面地覆盖信息内容,大众对信息的信任度降低。

(三) 拉开自媒体的序幕

自媒体这个概念其实是相对于传统的媒体来说的。在人类传播发展史上,出现了三种类型的传播媒体:一是以报纸、广播、电视等传播媒介为基础的传统媒体;二是以互联网、手机媒体等新兴媒介为主兼容多媒体发展技术的新媒体;三是基于Web2.0应用技术而生的博客、微博等传播载体,我们称之为自媒体①。自媒体的产生依托于互联网数字技术的发展,扎根于普通公众,区别于传统媒体,特别是在传播媒介、传播渠道、受众、反馈等各方面与传统媒体迥异,其所带来的传播转变完全颠覆了以往的信息生产流程和媒体价值观,是数字化社会信息传播最具颠覆性的特征之一。

1. 自媒体的产生与发展

"自媒体"这一概念最早出现在2002年Dan Gillmor对其"新闻媒体3.0"概念的定义中,"1.0"指传统媒体或旧媒体(old media),"2.0"指新媒体(new media),"3.0"指自媒体(we media)。第一个对"自媒体"释义的是Shayne Bowman和Chris Willis。2003年7月,二人在美国新闻学会媒体中心出版的一份自媒体研究报告中提出:自媒体是普通公民经由数字科技与全球知识体系相联,一种提供与分享他们真实看法、自身新闻的途径②。

自媒体的主要载体为博客、微博、播客、论坛、即时通讯等,其中即时通讯中的MSN、ICQ出现最早,不仅用于聊天,还可以传送文件。1995年,MSN网络在美国推出;1996年,几个以色列的年轻人在特拉维夫开发了一款即时通讯软件,命名为ICQ,即"I SEEK YOU"的谐音,中文意思为"我找你"。效仿ICQ的QQ则出现于

---

① 张美玲,罗忆. 以微博为代表的自媒体传播特点和优势分析[J]. 湖北职业技术学院学报,2011(1):45-49.
② 周晓虹. 自媒体时代:从传播到互播的转变[J]. 新闻界,2011(4):20-22.

1999年。如果说自媒体发轫于 MSN、ICQ 等即时通讯的出现,那么真正自媒体时代的到来,其标志是博客的广泛普及。博客最初的形态是 1997 年一些程序员尝试在网上推出的超链接形式日记,内容主要是他们在技术层面的思考心得与个人生活感悟,后来逐渐发展成网络爱好者开发的博客网站维护工具,从此,互联网上形形色色的博客网站遍地开花迅猛发展起来。到 2008 年的博客全盛期,中国拥有 1 亿博客。2009 年,新浪试水微博,并借助它强大的媒体属性,将微博推向彼时中国头号互联网应用之一;2010 年,新浪微博走到其巅峰状态,一份来自上海交通大学舆情研究实验室的《2010 中国微博年度报告》显示,截至 2010 年 10 月,中国微博服务的访问用户规模已达到 12521.7 万人。2011 年,腾讯开始推出微信,初期是作为一个用于人际传播的个人通讯工具,到了 2012 年,微信推出公众平台,随即引发大量机构和个人入驻,开设自己的账号,某种意义上讲,被微博击败的博客,在微信公众平台上得以重生,它是继微博之后的又一个自媒体巨擘。

跟随着数字化的一路进程,越来越多的人开始对自媒体产生极大的兴趣,尤其是这两年,自媒体平台的不断发展壮大,更是让很多人看到了创业的先机,也让很多原本很普通的人开始了自己的创业之旅,并在短时间内实现了自我价值的极大飞跃。自媒体平台上涌现出了一大批的草根网红,他们不但收获了大量的粉丝,最重要的是:他们通过自媒体平台赚取了大量的收益。

2. 自媒体的传播特征

看到这里,我们再回顾一下什么是自媒体?自媒体的"自",一方面代表的是人人都可以发声,只要你愿意,人人都可以借助互联网平台发表自己的言论和观点;另一方面代表着自媒体人拥有更大的话语空间和自主权,这些都是传统媒体时代不可想象的。与传统传播媒体相比,自媒体主要具有以下几点优势与特征:

一是个体化。与大众传媒的专业化、组织化、机构化不同的是,自媒体的信息采集者、编辑者和传播者,多是没有经过新闻与传播专业训练的普通大众个体,其信息所表达的内容也是个体化的。自媒体的"参与者是以个人而非隶属于某一组织的身份参与信息传播,并能在信息传播的过程中随时改变传受角色,新闻可以不经过媒体组织这一传统的新闻传播的中间人过滤就能直接到达受众。[①]"

二是多样化。由于传统的传播媒体都具有特定的读者或受众,因此,传统媒体所发布的内容,一般说来,具有某种确定性,任何一家媒体所发布的内容不可能包罗万象。但自媒体不受受众人群的影响,自媒体发布者所发布的内容既可以是发布者个人的内心表达、人生的体会,也可以是对某些社会问题、社会事件的看法,也可以是转发朋友推荐内容或自己感兴趣的政治、经济和文化信息,由此形成自媒体发布内容的多样化特征。

三是高效化。时效性是新闻的生命力所在。"传统媒体的新闻生产流程有严

---

① 宋全成. 论自媒体的特征、挑战及其综合管制问题[J]. 南京社会科学,2015(3):112-120.

格的制度规定,需经过层层筛选、把关、编辑后才会到达受众。在自媒体时代,新闻发布的技术门槛和'准入'条件降低,不需要成立专业媒体机构来运作,也不需要相关部门审批,新闻生产流程更没有规章制度约束,任何人都可以在博客、微博、论坛、MSN、QQ 上发布新闻,信息会很快在这些载体之间互播。"这种高效化还与新闻制作者的"在场"密切相关。与传统媒体的记者需要到现场不同的是,自媒体信息的发布者与制作者可以不是专业记者,而是草根民众,他们随时随地,很可能就在新闻现场,即时制作、快速传播,这是任何传统媒体的记者都无法做到的。

3. 自媒体对社会形成的影响

自媒体作为资讯传播渠道,其影响力是通过信息传播过程来对其用户及受众的社会认知、社会决策及相关的情感意志行为进行影响,表现为前期的"内容关注"及后期的"认知变化",其动力机制内生于自媒体作为信息服务平台所激发关系网络打通的信息通路。同时,自媒体用户的信息生产和传播模式,同自媒体用户的社会网络关系建构互相影响。也即是说,不但某一信息可以通过自媒体用户的节点传播模式得以迅速传递和扩散,发生"嵌套"与"勾连"的自媒体用户间的社会网络关系,也可能影响他们对某一信息的解读,甚至界定和塑造其对现实的理解,促成具有较高组织程度的群体行为[①]。

根据里德定律,"随着联网人数的增长,旨在创建群体的网络的价值呈指数级增加。"在这样的群体中,进行信息的交流与共享是群体使用自媒体的基本动因,归属于不同群体的个人共同关注、了解某一话题,知道谁是群体的参与者,谁在共同了解,这种群体间的认同和归属感——同样的兴趣爱好、相近的职业背景,或者相似的价值观、生活方式等或将成为群体互动的动力之源。而这样的自媒体传播形态,也有助于以传播为基础的社会网络关系的形成,以实现信息共享和共识达成。尤其是在自媒体网络世界里,存在的大量"桥节点"为用户提供在不同圈子进入、退出的机会,加速了信息的流动和观念的传播,这也会在总体上扩大社会成员的公共空间。

自媒体社交网络结构会影响社会扩散。在自媒体信息传播中,将人们连接在一起的并不只是直接的个人关系,还有以熟人为"桥节点"与其他"嵌套"与"勾连"的网络群中的人开放式的交互连接而形成的间接关系。新思想和新实践的信息在多节点多链关系中传播,并且,在人际传播双向反馈、双向影响的过程中,人们分享信息,理解他人的观点并相互影响,发挥出在线交往跨越时空、即时互动、层层扩散、无限影响的力量。如 2017 年南京彭宇案所表现的网络自媒体其"民意审判""舆论审判""媒体审判"对司法的影响。

4. 破圈?博物馆行业需要关注自媒体吗?

数字化时代带来了自媒体时代,但是在这个日新月异的时代,一个自媒体的成

---

① 代玉梅.自媒体的传播学解读[J].新闻与传播研究,2011(5):4-11.

功既需要技术的支撑,也需要创新的思维模式,对于如何持久的发展下去,更是需要坚持创新和突破。对于博物馆行业同样如此,在传播方式、形式都已发生巨大变化的环境下,与自媒体的结合能否带来新的机遇尚无定论,但一成不变注定只会演变为翻篇的历史。

我们来看一个不可否认的事实。随着新兴媒体的崛起,传统媒体的相关指标在近几年来均出现了明显的下降趋势,有的甚至出现了"断崖式"滑坡。尤其是都市类晚报报纸的市场发行量,呈现出急剧下滑的现象,有的甚至干脆宣布休刊或停刊,如曾覆盖上海所有轨交线路及磁悬浮的《时代报》于2018年1月17日起休刊。广播和电视媒体也不乐观,其收听率和收视率也在步其后尘。2016年3月初,开播近60年历史的香港亚视,由于未能与其投资者达成共识,便遣散全体员工,导致电视台最终停播。这种现象在20年前的中国简直是难以想象的。试想,没有发行量、收听率和收视率做基础何谈传播力的形成[①]。与此同时,我们发现,网络媒体、社交媒体和自媒体的点击率、网民数、粉丝量在迅速攀升。微博上曾流行一个比喻:粉丝数量超过100的微博是一本内刊;超过1000的是布告栏;超过1万的是一本杂志;超过10万相当于一份都市报;而超过1000万就成了一家电视台。而实际情况是,在我国民间拥有100万以上粉丝量的所谓"网络大V"还真有不少,甚至有过亿计算的粉丝,其传播力自不待言。

自媒体颠覆了传统媒体信息的制作、编辑和传播模式,在一定的意义上也等于对博物馆文化传播的途径发起了挑战。草根民众都第一次拥有了与主流媒体和政府同样重要的话语权,那么博物馆需要做什么?怎样破除宣教的老路?怎样能更好地利用数字化社会特征来实现自身文化的传播?这就是要研究数字化发展所带来变革的实际意义,也是数字化时代所有博物馆人面临前所未有的挑战。

(四) 社群社圈传播的壮大

社群即社会群体,是人们通过一定的社会关系结合起来进行活动的共同体。社会群体是构成社会的基本单位之一。每一群体具体体现了个人与个人之间、个人与整个社会之间的某些特定的相互关系。随着互联网的日益普及和数字技术的快速发展,人类活动领域已向网络和虚拟化的方向推进。这种变化已经超越了单纯的数字技术层面,广泛而深刻地影响到人们的社会生活,作为人类基本活动组织方式之一的社会群体也发生重大的改变,催生出新的社会群体模式——网络社群。

何为网络社群?有学者认为,在网络中由电子空间、话题、帖子和角色四个构成要素构成的群体称为网络群体[②]。美国学者霍华德·瑞恩高德在1993年出版的著作《虚拟社区:电子疆域的家园》中,将网络社群定义为"一群主要借由计算机网络彼此沟通的人们,他们彼此有某种程度的认识、分享某种程度的知识和信息、在

---

① 沈正赋. 新媒体时代新闻舆论传播力、引导力、影响力和公信力的重构[J]. 现代传播,2016,38(5):1-7.
② 白淑英,何明升. BBS互动的结构与过程[J]. 社会学研究,2003(5).

很大程度上如同对待朋友般彼此关怀,从而所形成的团体"①。

网络社群不同于线下的小型社群或大规模社群,它是扎根于网络空间的独特的社会组织形式。虽然网络本身是虚拟空间的一部分,但它所牵涉的人际关系却是真实的。在增进社会联结、提升社会团结性方面,它与线下的社群拥有同样重要的作用。而由于其一切相互关系是基于网络数字化的特点,网络社群的社会互动毫无疑问在改变着社会信息传播的形态。

1. 网络社群提升信息传播的跨越度

数字技术打破区隔的空间,整合碎片化的时间,通过线上线下的互动,衍生出一个个随机组合、超强聚合的网络社群。从网络结构来看,网络社群是一种介于规则网络和随机网络之间的小世界网络。相对于规则网络,网络社群的路径长度短,人们只需通过少数几个节点,就能与相隔甚远的陌生人形成联系;而相较于随机网络,网络社群的聚合程度更高,社群成员之间拥有明显的同质性和紧密的互动关系。比如,微信群就是典型的网络社群,来自天南地北的人们聚集在不同主题、不同性质的群中,随时随地互通信息,交流经验,其中就有许多与内容相关的"交流群"。可以说,作为一种小世界网络,网络社群让人们之间的无限连接成为现实,能够极大地提升信息传递的时效性②。

2. 网络社群增加信息传播的透明度

对于任何一个社群来说,确保对成员的可见以及成员之间的可见,是增强认同感的必要方式。对社群的信任和认同往往建立在这种可见性上。网络社群中的信息透明度往往很高。在 BBS 中,网友可以回顾过去的所有讨论,所有对话都记录在案;在淘宝平台上,买家和卖家的信誉和评价也公之于众,以提升用户对平台的信任;在社交网络中,微信、微博则是通过将好友动态公开,来提高人们对彼此的了解。几乎所有网络社区都保持着较高的信息透明度,通过建立成员之间彼此的信任以及成员对社区的了解,来提升社群内部的认同感。许多网络社群都致力于建立自己的群规,有的还有由社群活动积极分子组成的群议会,以保证社群信息沟通的有序性,厘清社群的内外边界。

3. 网络社群加强信息传播的聚合度

社群除了能通过兴趣建立连接外,也能通过内容建立连接。从本质上来看,社交其实就是寻找话题、建立连接的过程。通过垂直化内容连接起来的社群具有蓬勃的社交活力。网络社群中的个体对某一类型的内容产生兴趣,才会选择加入相关主题的社群。在兴趣的驱使下,志趣相投的社群成员围绕相关主题进行频繁的社交互动,包括信息分享、话题讨论及其他层面的交流等等。当下热门的自媒体都非常强调内容聚合的重要性,通过垂直内容吸引大量粉丝,这些粉丝们因对信息、

---

① 王卫东. 关于互联网方法和行为的研究[D]. 北京:中国人民大学,2003.
② 蔡骐. 网络社群传播与社会化阅读的发展[J]. 新闻记者,2016(10):55-60.

知识的共同需求和相同兴趣而相聚,在持续互动的过程中进行价值观的匹配。成功匹配者将形成对社群的文化认同和情感黏结,继而在情感的驱动下进行更深层次的社会交往。正是这种双重意义的互动传播,让网络社群从简单的技术层面的连接升级到文化层面的情感共振及价值认同。可见,网络社群的发展凸显了传播的文化本源——人与人之间的互动及意义。

从社会层面来看,移动互联网正在重塑生活场景,与现实生活更紧密的结合让网络社群进一步向多元化发展,并逐步成为一种生活方式,传统的生活场景不断地转移到线上,线上的社群文化也开始嵌入现实生活。从某种意义上而言,网络社群已经成为数字化时代基本的社会组织单元,它以颠覆式的信息传播模式,催生出全新的社会关系。

三、数字化改变社会发展规律

信息技术革命虽从20世纪70年代就已开始,但是20世纪90年代开始的以互联网、大数据为代表的数字技术革命,特别是近年来移动互联网的迅猛发展,深刻地改变了人们的行为和社会组织方式。大数据、人工智能等当代信息科技广泛应用于人们生产、生活、经济、社会、科技、文化、教育、国防等各个领域,并促使社会不断发展变化,孕育形成"数字社会"这一特定的技术与社会建构及社会文化形态,使它显现出不同于既往实体社会的架构和运行状态。更准确地说,数字技术带来的人类社会组织方式和行为模式的根本性改变,其影响可能远超数百年前的工业革命及伴随的市场化和城市化,从更大尺度的历史来看,可以与农业革命形成人类社会相比。人类社会当前面临的可谓是"千年未遇"之大变局。

(一)公众生活的改变

1. 数字化正在改变人们的衣食住行

数字化的迅猛发展不断改变人们的生活,深刻影响与人们生活息息相关的衣食住行。在"衣"方面,依靠虚拟现实(VR)技术,人们可以在网上通过3D视觉来挑选服饰,通过数字虚拟人穿戴来观看效果;增强现实(AR)技术可以让人们通过手机摄像头拍摄直接体验自身服装的感受。此外,无论是定制服装还是定制鞋子,都可以依托数据库和3D模型库来实现,用批量化的方式生产个性化的服装和鞋子,大大降低生产成本。随着数字技术与生产技术的深度融合,"衣"方面的个性化定制将逐步走进大众生活。

在"食"方面,看看数字农业能够做到些什么:无人机携带相机和记录器,从农田现场传感器中提取信号;土壤湿度传感器和雨量计可验证高速公路沿线的有效植被过滤;风传感器用于揭示在陆地和大气边界处发生的局部微气象学的动态;光缆精确记录近地面空气温度的分布;荧光微球可以扫描植物间的病原体迁移;射频识别从农田到市场追踪农作物个体单位以提高食品安全性;雪堆中的压力传感器揭示了雪融化和升华的波动;卫星则可测量许多内容,如灌溉的蒸发情况等;自适应神经网络从传感器中解释大量的复杂数据,并根据连续学习进行网络调整;智能手机向农场经理提供当前情景的概述,以及该策略的短期和长期影响。此外,手机点餐已成为一些人的一种生活常态。在餐厅,已经可以实现后厨机器人配菜、前台机器人送餐。

在"住"方面,智能建筑将物联网、大数据和人工智能技术综合应用到建筑物的设计、运行、维护和管理中。到 2025 年全球联网设备将有五分之一用在智能建筑中。智能家居不断提升人们的生活质量,各类家用电器联网后可增加音控或手机遥控功能,照明和空调可识别环境条件自动启动或关闭,电冰箱可以提醒人们所储存食品的保质期,其他一些家居设备将实现安防、节能、娱乐、养老监护等多种功能。可以说,数字化发展将使"住有所居"变为"住有优居"。

在"行"方面,智能交通被认为是治理大城市病的重要手段,能有效改善道路通行状况。比如,根据经验设置的红绿灯转换节奏难以适应路况的动态变化,而利用信息技术将摄像头与红绿灯控制系统连接起来,可以实现红绿灯转换的智能化。得益于信息技术的支撑,网约车和共享单车不断发展,方便了人们出行。5G 在 500 公里时速下的通信能力,为未来高铁提速和无人驾驶做好了准备。

2. 数字化正在拓展人们更高层次的需求

按照马斯洛需要层次理论,在人的生理需要之上还有安全的需要、情感和归属的需要、尊重的需要、自我实现的需要。数字化在深刻改变人们衣食住行的同时,还使人们的其他需要得到延伸和拓展。比如,安全是当前人们十分关注的问题,包括人身安全、家庭安全、财产安全、健康保障等,信息化可以有效提高社会治理和公共安全水平。利用遍布道路卡口的传感器和摄像头,可有效检测套牌车、超载车、超速车等,维护交通安全;人脸识别系统能够帮助寻找丢失儿童。再如,在医疗方面,超级计算机和人工智能可以加速药物研制过程,高清视频和可靠的传输系统可以支撑远程医疗,AR 技术可以缩短医生培训时间。学习、娱乐、运动、旅游等属于人们更高层次的需要,数字化在这些方面也大有用武之地。比如,语音与文字的互相转换、母语与多种外语的自动翻译已经不是难题,人们可以将讲话实时自动翻译为数十种语言,轻松地与外国朋友交谈。微信等社交软件使人们的沟通交流更加便捷。搜索引擎、短视频等为人们了解世界、学习知识打开了一片新天地。移动互联网与物联网融合能够进一步丰富通信的功能,各种传感器嵌入手机后可以扩展人的感官能力,实现环境感知等功能。

(二) 社会行业的转变

1. 数字化正在改变人们参与社会活动的方式

数字化不仅淘汰了很多旧的岗位,还产生出很多新的职位,并重新定义社会活动的含义。网络的普遍化会促进信息获取的平等化,越来越多的人通过网络在家工作,而新冠疫情造成的公共卫生危机,更大大推进了这一工作场所的转型。原来受空间因素约束的传统经济形态和社会形态变得更为多样化,甚至城市化也并非是与工业化相随相伴的必然社会发展趋势。城市既可能因生活便利而吸引更多的人口，也可能因为数字下乡、信息便利，使得城市与农村的分野失去意义。数字化已经悄然改变工作组织在社会分层结构中所占据的重要作用。

重新定义社会活动方式的另一个原因，就是传统意义上的生产要素，正在被新的生产要素所取代。深度探究新的生产要素就会发现，数据才是其本质所在，数字科技则是这个全新时代的主战场，掌握了数字科技的主动权，等于抓住了下一轮发展的新风口。

2. 数字化社会活动方式的改变促使各行各业转型发展

面对数字化社会的急剧变化，社会各行各业必将迎来里程碑式的变化。在金融行业，使用人工智能为客户提供更多个性化的财务建议，改善交易程序，防止财务欺诈风险，并帮助客户选择更高价值的投资。同时，人工智能还为金融业的商业模式创新和升级注入新的活力。中信银行引入旷视的人脸识别技术，帮助客户在办理银行业务中进行远程在线身份核查。当客户无法访问柜台或不带其身份证时，他可以通过移动终端或智能手机执行身份验证。先进的人脸识别技术可以在几秒钟内完成客户的身份验证，比手动识别更加准确、高效，这大大减轻了柜台业务的压力，并大大改善了客户体验。

在零售服务业，数字技术发展催生的"数字消费者"正在不断颠覆传统的零售商业模式。许多零售商已开始尝试使用预测分析技术来探索如何更好地满足当今的需求并应对迅速变化的市场。美国的 Prism Skylabs 与商家现有的摄像机监控网络合作，将监控数据传输回云端进行分析和处理。通过视频采集的 AI 分析，可以获得商店中单位时间内顾客的运动轨迹，热图和乘客流量。并按区域定位停留时间，以帮助商家重新调整物品的放置或制定更精确的营销策略，还为消费者提供更便捷的服务。

在医疗行业，各种来源的医疗数据为信息管理和集成带来巨大挑战。通过数据的结构化调整，包括电子病历、化验结果、医学影像、视频等的综合分析和理解，医疗行业在数据处理方面更为灵活。药物治疗设备厂商公司 Medtronic 与 IBM 合作，共同开发糖尿病管理应用 Watson 系统，它可以根据患者健康情况历史数据为患者提供建议。通过 Watson 的干预，医生可以提前三个小时检测出糖尿病的发作时间，从而有效地减少了糖尿病的发生机率。

再看博物馆行业，原先人们只有到大城市、遗迹故址，才能观看到具有规模效应的博物馆等文化设施，而数字化不仅打破了空间障碍，还可以利用大数据筛选公众的分众需求、精准需求。也许有部分博物馆没有强烈的经营属性与盈利目标，大多是公益组织，但新冠疫情的冲击已证明了更多的博物馆已不得不思考把他们的展示、藏品等资源转换到线上，在数字化的洪流中才能生存下来或发展得更好。

第三章 从数字化角度对博物馆行业再认识

第一节 回望博物馆的创办初心

"博物"作为一个词,最早在《山海经》就出现了,它的意思是能辨识多种事物。博物馆是全人类的宝库,储藏着世界各民族的记忆、文化、梦想和希望。公众服务性质的博物馆最初是从王公贵族和绅士们的私人收藏发展而来,成为了今天众所周知、承担提升公众科学素养的公共教育机构。

一、博物馆发展的主要阶段

(一)早期博物馆的雏形

"博物"与"馆"出现联系要追溯到古希腊时期。公元前3世纪的埃及亚历山大博物馆通常被认为是古代和中世纪博物馆的雏形。

公元前4世纪,马其顿的亚历山大大帝在建立地跨欧亚非大帝国的军事行动中,把收集和掠夺来的许多珍贵的艺术品和稀有古物交给他的教师亚里士多德整理研究,亚里士多德曾利用这些文化遗产进行教学、传播知识。亚历山大去世后,他的部下托勒密·索托建立了新的王朝,继续南征北战,收集来更多的艺术品。公元前3世纪,托勒密·索托在埃及的亚历山大城创建了亚历山大博物馆,它由很多功能空间组成,其中的缪斯神庙是收藏文化珍品之所,被公认为是人类历史上最早的"博物馆"。与我们今天见到的博物馆不同,缪斯神庙其实是一个专门的研究机构,里面设大厅研究室,陈列天文、医学和文化艺术藏品,学者黄摩崖认定,按照西方的标准,中国的孔庙也是最早的博物馆。

在博物馆定义的变化过程中,亚历山大博物馆几乎囊括了博物馆的类型和范围。亚历山大博物馆设于王宫内,这一具象建筑即为现代意义上博物馆的空间范围;缪斯神庙具备了收藏研究和保管的功能;动物园、植物园为早期的自然科学类博物馆;讲堂是科普传播的开放场所;餐厅则是开放性场馆的必要配套服务。可以看到,现今博物馆的基本功能基本可以在亚历山大博物馆中找到,它对以后的博物馆发展有重要的启迪作用。

（二）现代博物馆的产生

收藏是博物馆形成的先决条件和创建初衷，也是博物馆之间一个共通的特点。现代博物馆形成之前，不同社会采用不同的方式保存他们所认为宝贵而重要的物品。在古印度，画廊是教育和娱乐场所，那些绘画的雕塑蕴含着历史、宗教、艺术上的经验和知识；在亚洲，寺庙会保管宝物；在欧洲，教堂是存放财富和奇珍异宝之地。

现代意义上的博物馆形成于17世纪的欧洲。1682年，英语中的"博物馆（museum）"一词首次被使用，被用来形容陈列展出艾莱斯·阿什莫林（Elias Ashmore）绅士捐赠给牛津大学的私人收藏品的第一座公共博物馆——牛津大学阿什莫林博物馆，具有收藏、陈列与研究功能，向公众开放，普及知识。它的开放具有标志性意义，对世界其他地区产生了广泛的影响。同时期，欧洲富豪的个人收藏逐渐形成规模，开始陆续出现零散的美术馆，从某种意义上讲也就是私人艺术博物馆，当时的收藏品只是偶尔向公众展出。如查尔斯·威尔逊·珀尔的费城博物馆，是美国最早的个人博物馆。

从私人收藏走向了公众展示，博物馆的性质发生了变化，公共性得以体现，这是社会进步、文明发展的体现。博物馆是社会政治、经济、文化发展到一定阶段的产物，这是一个必然的过程。

到了19世纪，艺术博物馆加快了发展进程。巴黎卢浮宫是历史上第一个国家艺术博物馆。随后，英国、德国、俄国等国家也开始陆续筹办艺术博物馆。

16~19世纪的自然史博物馆促成了"研究"功能的诞生。同样，收藏和研究也成为了自然史博物馆的重心。林奈分类学赋予了科学保藏的依据，物种鉴定、分类研究也为达尔文进化论奠定了基础，同时博物馆的教育功能开始出现。19世纪末至20世纪上半叶，达尔文进化论使自然史博物馆进入发展黄金期，藏品的收藏和研究也达到了顶峰，博物馆内聚集了顶尖的自然史研究人员，同时教育功能已与其他两个功能比肩。

另一方面，随着18世纪工业革命的到来和19世纪世界博览会的举办，旨在收集、展示与科学技术有关藏品的博物馆孕育而生，即当时的科学技术博物馆，其强调科学技术与现实生活的联系，并注重教育功能的发挥。

（三）博物馆定义的演进

博物馆管理者对于博物馆的定位、功能存在不同认识，因此不同的博物馆在发展过程中会发挥出不同的作用，对于博物馆的定义及功能界定存在变化与争议。国际博物馆协会（International Council of Museums，ICOM）从成立之初对博物馆的定义进行了多次的修改、调整。在1946年至2022年间，博物馆定义经历了8次调整修正，总体变化趋势包括博物馆功能划分、内涵延伸以及从藏品向受众的转变等。

当然，国际博物馆协会的定义只是一般性定义，各国会根据自己的社会历史背景、对于博物馆机构以及工作的认识和理解，做出符合自己国情的定义和规定。博物馆的定义应该是一个动态、共融，符合时代特征、引领博物馆发展方向的存在。

1946年11月，国际博物馆协会成立时的章程中提出：博物馆是指为公众开放的美术、工艺、科学、历史以及考古学藏品的机构，也包括动物园和植物园……博物馆是一个为社会及其发展服务的、向公众开放的非营利性常设机构，为教育、研究、欣赏的目的征集、保护、研究、传播并展出人类及人类环境的物质及非物质遗产。

在1951年、1962年、1971年这三年中，国际博物馆协会又多次对博物馆定义进行了讨论和修订。

1974年，国际博物馆协会第11届全体大会通过《国际博物馆协会章程》中，博物馆的定义更加完善，即博物馆"是一个不以追求盈利为目的的、为社会和社会发展服务的、向公众开放的常设机构，为研究、教育和欣赏的目的征集、保护、研究、传播并展示人类及其环境的见证物"。这也是目前流行最广的博物馆定义。

1989年，在海牙举行的国际博物馆协会第16届全体大会通过的《国际博物馆协会章程》中，对此定义又做了强调。

2007年，国际博物馆协会对博物馆的定义又做了新的修订，把"见证物"更改为"物质和非物质遗产"（吸收了2004年首尔国际博物馆协会大会的成果），把"教育"放到了博物馆功能的第一项，即"博物馆是一个为社会及其发展服务的、向公众开放的非营利性常设机构，以教育、研究、欣赏为目的进行征集、保护、研究、传播并展出人类及人类环境的物质及非物质遗产。"

2022年8月，博物馆定义再次修订。此次修订由各国家委员会、国际委员会和地区联盟代表通过投票确认，包括中国在内的一百多个国家的专业学者参与促成此次定义的修订。最新的博物馆定义具体为"博物馆是为社会服务的非营利性常设机构，它研究、收藏、保护、阐释和展示物质与非物质遗产。它向公众开放，具有可及性和包容性，促进多样性和可持续性。博物馆以符合道德且专业的方式进行运营和交流，并在社会各界的参与下，为教育、欣赏、深思和知识共享提供多种体验。"从新定义中可以看出两点：一是博物馆的研究功能进一步彰显，研究成为当下世界范围内公认的博物馆最重要的功能；二是新定义较2007年版增加了行动准则，倡导博物馆的可及性和包容性，更好地明确了博物馆的社会属性，且因更关注参与群体的广度与深度，兼容并蓄，尊重多元与差异。

国际博物馆学委员会（International Committee for Museology，ICOFOM）强调四种理解博物馆的方式：一是藉由概念模式，即博物馆、遗产、制度、社会、伦理、博物馆域；二是藉由理论与实务的思考，即博物馆学、博物馆实务；三是藉由运作方式，即物、收藏、博物馆化；四是藉由不同的角色，即职业、观众，或藉由其延伸出的功能，即保存、研究、沟通、教育、展览、中介、经营、建筑。实际上，这四种理解方式非常全面地概括了从博物馆内部和外部两个不同角度看待博物馆的方式。

（四）当代博物馆的发展历程

1. 科学发展进程下博物馆类型的分支化

随着科学技术的发展、学科的细化，博物馆的数量和种类越来越多，分支出艺术、历史、自然科学、科学技术等类型博物馆。博物馆类型的多样性是由学科的多样性造成的。划分博物馆类型的主要依据，是博物馆藏品、展出、教育活动的性质和特点。其次，是它的经费来源和服务对象。

国外博物馆，主要是西方博物馆，一般划分为艺术博物馆、历史博物馆、科学博物馆和特殊博物馆四类。艺术博物馆，包括绘画、雕刻、装饰艺术、实用艺术和工业艺术博物馆。也有把古物、民俗和原始艺术的博物馆包括进去的。有些艺术馆，还展示现代艺术，如电影、戏剧和音乐等。世界著名的艺术博物馆有卢浮宫博物馆、大都会艺术博物馆、国立艾尔米塔什博物馆等。历史博物馆，包括国家历史、文化历史的博物馆，在考古遗址、历史名胜或古战场上修建起来的博物馆也属于这一类。墨西哥国立人类学博物馆、秘鲁国立人类考古学博物馆是著名的历史类博物馆。科学博物馆，包括自然历史博物馆，内容涉及天体、植物、动物、矿物、自然科学，实用科学和技术科学的博物馆也属于这一类。英国自然历史博物馆、美国自然历史博物馆、巴黎发现宫等都属此类。特殊博物馆，包括露天博物馆、儿童博物馆、乡土博物馆等，后者的内容涉及这个地区的自然、历史和艺术，著名的有布鲁克林儿童博物馆、斯坎森露天博物馆等。国际博物馆协会将动物园、植物园、水族馆、自然保护区、科学中心和天文馆以及图书馆、档案馆内长期设置的保管机构和展览厅都划入博物馆的范畴。

中国博物馆在1988年前被划分为专门性博物馆、纪念性博物馆和综合性博物馆三类，国家统计局也是按照这三类博物馆来分别统计公布发展数字的。中国博物馆事业的主管部门和专家们认为，在现阶段，参照国际上一般使用的分类法，根据中国的实际情况，应将中国博物馆划分为历史类、艺术类、自然与科学类、综合类这四种类型。

历史类博物馆以历史的观点来展示藏品，如中国国家博物馆、西安半坡博物馆、秦始皇兵马俑博物馆、泉州海外交通史博物馆、景德镇陶瓷历史博物馆、北京鲁迅博物馆、韶山毛泽东同志纪念馆、中国共产党第一次全国代表大会纪念馆等；艺术类博物馆主要展示藏品的艺术和美学价值，如故宫博物院、南阳汉画馆、广东民间工艺博物馆、北京大钟寺古钟博物馆、徐悲鸿纪念馆、天津戏剧博物馆等；自然与科学类博物馆以分类、发展或生态的方法展示自然界，以立体的方法从宏观或微观方面展示科学成果，如中国地质博物馆、北京自然博物馆、自贡恐龙博物馆、台湾昆虫科学博物馆、中国科学技术馆、柳州白莲洞洞穴科学博物馆等；综合类博物馆综合展示地方自然、历史、革命史、艺术方面的藏品，如南通博物苑、山东省博物馆、湖南博物院、内蒙古博物院、黑龙江省博物馆、甘肃省博物馆等。

2. 社会发展进程下博物馆发展的多元化

当代博物馆之间的区别很大。从规模和活动范围来看，它们可以是大到像史密森学会(Smithsonian Institution)这样具有国际影响力的大型博物馆群,同时也可以小到某个村落的小型乡村博物馆;从用途功能来看,它们可以是纯粹的旅游度假区内陈展之所,也可以是为了专门保存科学及历史研究中的基础数据;从藏品类型来看,它们可以是自然界各类标本,也可以是历史上出现的工业器械。而进入20世纪后半期,博物馆的首要职能正发生着改变,教育功能已跃升为博物馆第一功能。

与传统的用艺术史来讲述国家发展历史的艺术博物馆不同,20世纪30年代成立的艺术博物馆开始将艺术从综合性叙事中抽离出来,构成一个自足的空间领域;自然史博物馆的研究地位和研究方向也发生了转变,自然史研究退出了生物学研究的中心地位,自然史博物馆成为了生态保护的重要资源和机构。与科学技术博物馆并存的、发端于国际博览会的科学中心则不同于强调收藏的传统博物馆形态,它的任务在于营造一个放松、开放而又激励观众学习的氛围与环境。

二、博物馆创办的社会价值

为实现"为社会及其发展服务"的宗旨,博物馆的创办、定位、发展伴随对服务社会理念的不断加深。从私藏到开放、从研究到教育、从以"物为中心"到"以人为本",博物馆越来越融入社会,甚而推动社会的发展。博物馆的发展历史证明,从古典形态历经近代形态到现代形态,博物馆的每一步演进都是在为不断适应社会需求而改变自身,博物馆未来的发展也必然要遵循这一规律[①]。

(一) 博物馆"社会化"的演变过程

人类先具有收藏宝物的意识和行为,而后才有博物馆的出现。众所周知,博物馆创立之初,仅为小部分上流社会人群的私人性质行为。在博物馆萌芽、发展的最初阶段,博物馆只是作为名器重宝的收藏之所。"这时的博物馆还只是特权阶级的活动场所,它们总是与'奇珍异宝'联系在一起,帝王在此显示自己的权力,教会在此释放神的力量,贵族在此展示自己的财富,贵妇人也在这里炫耀自己的时装。所有的一切如同一个上流社会的沙龙"[②],此时的博物馆看不到社会化意识的体现。

1946年11月,国际博物馆协会(ICOM)成立,并在最初的《国际博物馆协会章程》中对博物馆做了第一次正式定义。然而,对于定义中那些不以藏品为中心的机构,如动物园、植物园等是否应归入博物馆之列存在着较大争议。在国外被称为"中国生态博物馆之父"的原中国革命博物馆陈列部主任苏东海先生曾评价:"现在看来,那时只对机构膨胀持否定态度,并没有认识到第一个定义引发的机构之争,实际上正是博物馆改革的一个新思想的开端,体现了博物馆走向社会最初的一种努力。"[③]

[①] 张琴."博物馆+"发展模式下博物馆的社会价值、责任、角色[J].中国纪念馆研究,2017(1):118-124.
[②] 刘克成.到博物馆去[J].建筑与文化,2007(2):10-11.
[③] 苏东海.国际博物馆理论发展中两条思想路线札记[N].中国文物报,2010-6-30.

1972年，ICOM在智利首都召开了著名的"圣地亚哥圆桌会议"，其目的正是反思博物馆的社会作用。会议邀请了不同领域的专家学者，对社会改革与发展的大环境下博物馆的改革之路进行了深入讨论。会议中提出的"整体博物馆"的概念远远超出了对旧有博物馆的固有认知，而是将博物馆与社会"整合"在一起①。

1974年，ICOM第10届全体会议在丹麦哥本哈根召开，这次会议可以说是决定了国际博物馆的未来发展方向，章程被再次修订，并被赋予了更多面向社会的新意义，也一直被沿用至今，定义中明确了博物馆"为社会及其发展服务"的战略方向，由此博物馆的社会价值开始彰显。博物馆从最初的以藏品为中心，转而开始对"人"引发关注，倡导"以人为本"，即对社会关注的一种体现。

（二）博物馆的价值核心

社会价值相对于个人价值，指个体通过自身和自我实践活动为满足社会或他人物质的、精神的共同需求所做出的贡献和承担的责任。博物馆的社会价值也正是体现在博物馆如何通过其基本职责（征集、保护、研究、传播并展出人类及人类环境的物质及非物质遗产）的履行和基本功能（教育、研究、欣赏）的实现，来满足人们的需求，对社会有所贡献，助推社会向前发展②。

1. 博物馆的知识价值

每座博物馆都可以称之为一个聚宝盆，是一个将人类从古猿到现代社会进程中经历的无数灭亡与重生时刻沉淀下来，将满载历史痕迹的"物"集中保留下来的地方，是一个名副其实的知识宝库。它的形成具有历史的沉淀。博物馆从诞生之日起就承担着保存人类文化遗产的职能，全面、系统地收藏反映人类社会发展历史知识经验的各类文物，使人类文化长久保存下去。现代博物馆创建初衷是从收藏开始，其初期表现为对物的关注，我们难以想象，没有博物馆，那些珍贵的文物资料将何以妥善保存；没有博物馆，那些记载着城市变迁历程的文物资料又何以能够集中与展示。为了保护和延续这种人类的文明遗产（物质文化遗产和非物质文化遗产），需要一个社会机构来承担相应的责任。各国政府设立博物馆的初衷就是为了保存本民族的历史文物瑰宝，以备查考、利用。基于这样的需要，博物馆要承担的社会责任必然以保存、整理现有文物为前提。但同时，如何更好地发挥藏品的作用，最大化转化博物馆的知识价值，便由博物馆的教育功能来实现。

对于现代博物馆而言，走进其中的参观者、参与者是其存在的根本理由，广大参观者和知识信息搜索者是其首要责任对象。分散的社会个体之所以要步入博物馆，重要原因之一就是期望通过在博物馆内的参观学习和知识信息索取来获得自己在个人或者家庭状态下无法获得的知识信息资源，或者是增加和拓展已有的知识，以满足个人和家庭的需要。现如今，博物馆教育功能已被提到一个前所未有的

---

① 单霁翔. 关于博物馆的社会职能[J]. 中国文化遗产，2011(1)：8-25.

② 傅强. 当代博物馆社会价值的若干维度[C]//中国博物馆协会博物馆学专业委员会. 2016年"博物馆的社会价值研究"学术研讨会论文集，2016：2-8.

高度。随着数字化及互联网技术的广泛运用,教育的空间、形式、内容、方法、目的都给传统教育学带来了挑战。不同于教室的封闭性,博物馆教育的混合性、多样性、复杂性、灵活性等特点正在逐渐加强、提升博物馆的教育功能。

2. 博物馆的文化价值

博物馆作为一个展示、沟通、交流的平台,可以引发人们对社会发展的反思,帮助人们全面、完善地继承前人经验,借鉴和消化人类曾经拥有的文明成果,使人们的人格更丰富、更灿烂、更伟大。人类曾在历史发展中犯过错误,那么战争博物馆给我们一个反思空间;科学技术博物馆伴随着科学革命和工业革命的发展,为科学研究提供重要的原始资料;历史博物馆是人类发展的记忆,保护和保存与人类活动相关的一切痕迹;生态博物馆突破围墙的界限,打破藏品的隔阂,让人们关注更多的人与生态、自然的和谐相处。文明的冲突、民族的融合、社会的变革都应由博物馆参与并实现传承。

同时,博物馆可以成为一个地区的文化中心,分享当地社区共同的"记忆";保护、保存当地社区的文化和自然遗产。正如原故宫博物院院长单霁翔先生所列观点"博物馆文化具有引领城市文化、弘扬城市精神、搭建城市多元文化交流平台等方面的特殊作用。""博物馆应成为'精神的家园''文化的绿洲''知识的殿堂''城市的客厅''文明的窗口',承担更多的社会责任,更加自觉地关心城市文化的进步,以推动社会发展为己任,注重自身业务活动与人居环境改善的内在联系,塑造公平、公正、民主、法治的价值观,鼓励人们创造更加和睦与和平的生存环境。"

3. 博物馆的市场价值

博物馆的市场价值不等同于经济价值,对于博物馆来说,经济价值是可以忽略的,重要的是实现自身的社会价值。这里所指的市场价值主要指博物馆在市场经济中确实占有一席之地,如文创产业,故宫之火可见一斑。但需要注意的是,正如故宫博物院资料信息部对媒体所说"通过产品盈利并不是目的,是希望通过互联网搭建一个平台,最终让更多的人群能够通过不同层面认识、理解、欣赏传统文化。"同时,随着社会经济发展,公民权利意识不断增强,包括社会文化普及和知识信息获取的呼声日益高涨,为博物馆社会责任的赋予创造了必备的社会基础,这也是影响政府决策的重要因素,将有力地促进博物馆事业的发展及其社会责任的履行。

(三)数字化时代博物馆社会价值的转变

博物馆创建的最初与物和人类活动紧密联系,其初衷是作为最终实现人类文化的共荣地[1]。博物馆不仅是人类社会文明传承的载体之一,其所具备的收藏、研究、教育的基本功能在一定程度上促进了人类文明的互通交流,它也是人类社会文明进步不可或缺的促进力量。

---

[1] 李乐.浅谈博物馆的起源及理念[C]//中国博物馆协会博物馆学专业委员会 2018 年"理念·实践:博物馆变迁"学术研讨会论文集,2018:50-57.

另一方面,放眼未来,关注现代博物馆的未来发展方向,数字化应用是关键。随着互联网大众化、个性化、移动化的不断发展,传统媒介的传播格局已然彻底打破,而科学传播格局也发生了极大的变化,人人可以是信息的传播者及接收者。面对新格局的挑战,博物馆应该以知识传播、文化传承及终身施教的社会角色为基础,在实现现代博物馆社会价值的过程中发挥更大的作用、担当更多的责任,确保和提升自身的社会地位和价值。实现路径中,必须关注职能的充分发挥、社会责任的不可替代,通过能动的自主意识产生责任履行和功能实现的重要内驱力,积极呼应外界不断更新的需求,始终保持竞争能力。

2011年,著名投资家约翰·杜尔(John Doerr)提出了一个"SoLoMo"的最新概念,即Social(社交化)、Local(本地化)、Mobile(移动化)三个最热产业关键词的融合[①],这三个关键词是相互依赖,不可分割的一个整体。作为一种现有技术集成的综合应用,SoLoMo涉及移动通信、无线网络、社会性网络、数据挖掘、智能感知、物联网等多种技术门类,这种综合本身也是一种创新[②]。运用SoLoMo所具备的互联网特征的应用理念和模式,将对博物馆融合现代信息技术成果、提升服务理念及模式带来不可估量的深远影响。博物馆在不同角度和层面具有SoLoMo特征的应用,国内外已有不少相应的应用实践,并提升了博物馆的社会价值[③],"移动应用"和"社交媒体"正逐步改变博物馆与参观者及全球用户的互动方式,具体从三个方面认识。

1. 公众共享文化资源

传统博物馆提供知识的来源主要是展览展品,而从知识的本源来看,知识是全人类在实践中认识客观世界的成果。研究认为,在社会组织中,已被传播的"显性知识"仅占10%[④],也就是说,90%的"隐性知识"存在于广泛社会人群中。博物馆作为知识收集、存储和加工的专业机构,将这些知识进行收集、整理、加工便是其社会责任。资源是开展一切活动和服务的基础,博物馆如何运用So(社交)属性从网络用户中开发、组织90%的隐性知识资源,是决定博物馆能否吸引公众的重要因素之一。国内外博物馆开始尝试让公众参与展览设计及内容提供,积极引导用户远程对公开发布的信息发表评论及互动,允许公众参与科学传播和研究,建立会员制度从而增加用户黏性,等等。

2. 无限靠近展品、藏品

无论科技如何发展,"物"依然是基础,对于藏品及展品本身的依赖不会改变。数字化技术的有效应用是建立在博物馆本身丰富的藏品及展品之上的。运用Lo(本地化)属性实现的各类虚拟博物馆、文物数字知识仓库等数据资源可以为各类

[①] Murphy M, Meeker M. Top Mobile Internet Trends(FE 2011)[EB/OL]. 2011.
[②] 谢荣,刘炜. SoLoMo与智慧图书馆[J]. 大学图书馆学报,2012(3):5-10.
[③] 胡滨. SoLoMo时代科技馆博物馆的发展策略[J]. 科普研究,2015(2):36-42.
[④] 孙新宁. 组织的知识管理[M]. 北京:国防工业出版社,2004:55.

应用平台提供基础,包括各应用平台所需要的文物高清晰图像、音频、视频、文字资料、三维数据,以及相关研究成果等信息资源构成的数字化文物。博物馆通过开发各类基于位置的服务软件,使参与者无论是到馆还是线上都能最大限度做到与展品、藏品的无限接近。

3. 不同文化和谐共荣

不同文化间的交流传播即"跨文化传播"于1959年由美国文化人类学家爱德华·霍尔在《无声的语言》中首次提出。在跨文化传播学科中,关注如何与不同文化背景的主体进行有效和平等的沟通,实现不同文化间的和谐共荣。

数字化时代为人与人之间实现自由平等的交流创造了条件,也为博物馆最大限度进行科技传播、知识普及创造了可能。Mo(移动化)属性所代表的移动技术和智能终端可以为全球用户提供无限可能的知识获取链接。

在信息、通讯及数字技术的影响下,目前博物馆的传播服务方式呈现出实体传播、互联网传播和移动传播彼此融合、交叉的整合传播趋势,通过无所不在的传播途径实现对用户个性化需求的满足,使博物馆成为无所不在的知识、教育和文化中心。

第二节 数字化给博物馆带来的影响

数字博物馆的研究早在20世纪90年代就已开启,彼时的数字博物馆通常指代运用数字、网络技术,将实体博物馆的职能以数字化方式完整呈现于网络上的博物馆,它包括实体博物馆展厅现场数字化展示系统、基于网络数字技术的博物馆业务管理系统和网络平台展示系统等三部分[1]。聚焦具体研究内容又可以发现数字技术运用在博物馆运行的方方面面,藏品数字化、数字化展示技术、线上虚拟博物馆、网络社交平台、科普游戏、物联网、场馆监控检测系统等。由此可见,数字化对于博物馆建设来说,已经渗透于各个维度、各个环节。因此,数字化对博物馆发展产生影响是不易之论,然而影响的正负向却不是一个单选题。

一、基础建设中的全面迭代

博物馆基础建设中,"物"是关键核心。互联网关联的是计算机终端与计算机终端,而将现实中的"物"连接起来,则是物联网技术带来的全新体验。通过射频识别(RFID)、红外感应、全球定位系统、激光扫描器等信息传感设备,将场馆内实体物品与互联网连接起来,进行信息交换和通信,实现智能化识别、定位、跟踪、监控

---

[1] 钱文忠.博物馆的数字化之路:数字博物馆建设初探[M].北京:电子工业出版社,2015.

和管理。以物联网为核心的信息技术发展被誉为第三次信息技术革命,在藏品管理及保护、观众服务及反馈、环境监测、安防监控、办公系统等方面不断融入新的数字技术,从而打造形成智慧场馆。总的来说,数字化在博物馆基础建设方向可利用的能量巨大,善加利用可以起到事半功倍的作用。

(一)从现实环境到虚拟空间

数字技术使博物馆藏品和展览得以诠释和表现的形式更具有多样性,博物馆数字化建设中数字藏品及数字媒体是最主要的两个应用方向。

实体博物馆中的馆藏是数字博物馆赖以发展的依托,藏品信息的系统管理及永久保存极为重要。实体博物馆围绕藏品进行的征集、保护、研究及传播工作同样也是数字博物馆的核心内容。数字化藏品突破了实物藏品的物理性限制而面向更广泛的公众,通过技术扮演着重要角色。数据采集和管理是博物馆数字化中的核心问题,也是各大博物馆高度重视的工作之一。数字藏品本质上是对数字信息内容的收藏,它不仅局限于实体藏品的信息,还包括与该藏品相关的,具有教育、研究和欣赏意义和价值的数字内容,即对其他已有人类与环境见证物的数字化内容,也包括各类数字创造行为产生的信息。

博物馆展品数字化后成为网络资源,可供大众传播、利用和重组。在某种程度上,新媒体技术的发展丰富了这一点。数字技术有助于实现用户与博物馆展示对象之间的互动,维持使用者的参与程度[1]。一方面,数字技术所构筑的虚拟展示空间,向公众提供具有互动性和跨维度的参与环境。展览形式获得极大丰富,在现实的展览环境中运用虚拟现实技术、数字技术使虚拟情境与物理现实相结合,使展览更具趣味性、生动性和形象性。另一方面,将虚拟现实技术与计算机技术、网络技术相结合,为公众提供一个在互联网上公开浏览的渠道,在虚拟空间中延伸现实展览环境。与博物馆实体展厅陈列传播要求突出重点展品和重点用户的思路完全相反,新媒体环境下的博物馆信息传播要求提供尽可能多的展品信息,并力争照顾到所有用户,因为内容和用户都是能显著提升博物馆信息传播能力的"长尾"。新媒体技术已经越来越多地作为各个博物馆展览的辅助形式或主流形式之一而出现。新媒体技术丰富了博物馆的展陈形式,使得展品的展示空间得到前所未有的扩展,为博物馆展览形式开启了新的道路。视频、投影、互动体验、语音服务等多媒体技术构建了更为丰富的博物馆知识体系。数字展品通过技术扮演着重要角色,是使得参观者通过它在某种程度上与文化产生关联的物[2]。新媒体技术配合传统实物的展陈形式,以智能手机为平台,以二维码技术为辅助,使公众获得在传统实物配以说明文字的形式中所无法完全呈现的、关于展品的文化内涵和历史沿革等大量补充信息,甚至还可以与同一时期或不同时期的其他文物、科学实验、历史时间等

---

[1] 陈刚.新媒体与博物馆信息传播[J].中国博物馆,2012(1):25-28.
[2] 宋子昕.新媒体应用:博物馆的新方向[J].文物春秋,2014(1):47-51.

进行比较,使不同专业、不同文化程度的公众能够真正读懂展品本身所蕴含的意义,这些都是依靠数字技术实现展品、藏品资源最大化的有益尝试。

(二) 从重复人力到智能管控

采用无线方式部署安防监控系统,是提高博物馆场馆安全非常有效的途径。它不用破坏建筑结构及内饰,理论上仅需将无线终端设备接入本地网络,就能实时掌握全馆状况。通过摄像头、无线视频服务器等设备采集视频信息,随后利用无线通信手段将现场视频信息传送到监控中心,实现实时、全程监控管理。一旦系统报出险情隐患,可帮助及时消除火灾等安全隐患。

室内外环境监测系统可满足文物藏品保存环境、展厅展陈环境的环境监测需要,通过物联网技术实现对文物及展品的各类保护参数进行监测,包括温湿度、光照度、辐射强度、风速、风量等。同时,系统可对监测数据进行处理,建立环境数据的数据库,为藏品、展品的预防性维护提供技术支持。

其他方面,博物馆人员的日常管理及办公平台同样适用于物联网技术,通过人员身份识别、车辆管理、考勤管理、共享办公平台等,有效提高场馆人员安全及办公效率。很多方面都可以通过数字技术为博物馆基础建设提供适宜、有效的技术支撑。

二、教育传播中的身份转换

相较于场馆基础建设上数字技术的应用研究,博物馆人更关注、研究更为深入的还是博物馆教育传播职能本身,相关的研究方向及数量也更多。虽然数字技术对博物馆教育的影响是显而易见的,新技术将改变人类的时空观,博物馆藏品对当代及未来博物馆的意义将会发生改变,人们使用博物馆的方式也将随之发生变化。但是,博物馆作为文化工具的宗旨保持不变,仍然是博物馆立足的根基[1]。博物馆首先仍然是具备教育功能的文化机构,这是基本共识,也是博物馆人研究、利用数字技术的一大前提。网络和移动通讯为渠道的新媒体对博物馆教育、传播乃至所有与公众相关领域产生深远影响,新媒体技术重新界定着整个博物馆文化的内涵和外延。博物馆传播教育从教化式和唯一权威性的逐步转向互动式和多种观点的。新媒体为更多人参与和共享博物馆提供了过去无法比拟的工具,但是博物馆作为知识创造者和研究者的作用不会因为新技术而发生根本改变[2]。

从数字化博物馆研究热潮的伊始,对于数字化博物馆的定义就局限于教育传播职能这一部分:"数字化博物馆是把一般博物馆的收藏、研究、娱乐、展示、教育等功能用数字化方式表现出来的博物馆。"[3]数字化对于博物馆教育职能的影响,联合国教科文组织 2011 年在关于教育的报告《发展具有创新性的教育生态系统》中

---

[1] 潘守永,尹凯. 当代博物馆变迁的全球新视野:挑战与启示[J]. 中国博物馆,2012(3):2-10.
[2] 宋新潮,安来顺. 变革世界中的博物馆:新挑战新启示[J]. 中国博物馆,2012(2):2-8.
[3] 甄朔南. 正在兴起的数字化博物馆[J]. 中国博物馆,1999(2):14-17.

就指出,教育在21世纪承受着来自五个方面的压力,其中,数字技术被列为首位:"数字技术给教育带来了变化的压力,因为新的技术要求新的技能;与此同时,也提供了重塑教育学的机会,因为技术提供了接近信息的途径、沟通的网络和呈现学习的新方法。"报告同时指出:"这些压力和机会要求人们作为一个终身学习者而获得新的素养,包括信息素养、跨文化素养和生态素养,因为技术、政治、经济和环境变化迅速。这使我们的关注点由与学校有约转向与学习有约。这同时也需要去检验在21世纪或者为了21世纪,何种环境最有助于引导学习。"

报告中提到的"创新性教育生态系统"(Innovation Ecosystem for Education),内含三个核心概念:即学习、学习环境和教育生态系统。"学习"强调了要关注学习本身,学习者是一个终身学习的身份,具有自我激发和自我引导的能力,或者说是具备自我教育、自我学习能力的人。"学习环境"同样弱化了学校的概念,通过其一项名为"创新性学习环境"的研究中发现,"从常识意义上理解的学校在一个给定的共同体中并不是必需被默认为学习的场所。这是一个由契约驱动的教育美景,与制度驱动的情景相似,即学习发生在各种各样的环境中,并且人们不会认为当他们成年时就不再是学习者。""教育生态系统"在报告中也被称为"学习生态系统","教育系统应培植正式和非正式学习之间的联系、现存的和新加入的学习资源提供者之间的联系、提供学习服务者(即主要是指老师)和学习服务的使用者(即主要指学生)之间的联系,在这个过程中教育系统会受益匪浅。为了产生这种具有内在联系的'学习生态系统',系统领导者应该转变自身的角色与定位,与其成为教育的主要提供者,不如成为一个承载多样化提供者平台的提供者。"

由此可见,报告中指出的数字技术作为最大压力来源,将会对博物馆体系的创新性教育生态系统产生多方面影响,无论是学习、学习环境或是教育系统方面。

(一) 从知识输出到信息输出

首先是对学习环境的影响。

众所周知,我们已身处数据、信息大爆炸的时代。在这个数字洪流汹涌澎湃的新时代,数据呈现出爆炸式的指数级增长,数字化已经成为构建现代社会的基础力量。教育传播环境已发生翻天覆地的变化,从传统课堂获取知识的模式早已转化为从多渠道自主获取海量信息。

据全球数据公司IDC发布的《数据时代2025》报告显示,全球每年产生的数据将从2018年的33 ZB增长到2025年的175 ZB。175 ZB,这个抽象的数字到底有多大呢?如果按25 Mb/s的网速计算,一个人要下载完这些数据需要18亿年。如此庞大的信息释放,蕴含了巨大的能量。2013年,全球管理咨询公司麦肯锡发布了一项报告《开放数据:流动信息释放创新能力》,其中就提出开放数据将为全球范围内的教育、能源、交通等七个领域增加3万亿美元的价值。面对极富价值的庞大数据库,如何利用好是摆在全人类面前的课题。博物馆人需要思考如何正向利用大数据带来的变化,更好地发挥教育传播的效果。因此我们既要了解数据、信息、知识的相互关系,又要厘清教育传播的有效途径。

1. 数据、信息、知识的相互关系

数据、信息和知识是知识工作者对客观事物感知和认识的三个连贯阶段。这三者都是社会生产活动中的一种基础性资源,都可以采用数字、文字、符号、图形、声音、影视等多媒体来表示。它们都同时具有客观性、真实性、正确性、价值性、共享性、结构性等特点。数据是对各种现象的客观描述,是将客观事物按照某种测度感知而获取的原始记录,它可以直接来自测量仪器的实时记录,也可以来自人的认识,但是大量的数据多是借助于数据处理系统自动地从数据源进行采集和组织的。信息是为了满足特定需求,根据一定的发展阶段及其目的,进行定制加工整理之后的数据。知识是指在特定情景中,知识工作者运用大脑对获取或积累的信息进行系统化的提炼、研究和分析的结果,即能够满足一定目标的有价值的信息,能精确地反映事物的本质。这就是知识管理中经典的对知识阶层的表述。

在互联网时代早期,人们便意识到,大数据是互联网智能提升的第一步(图3.1),其后还需要互联网的"大信息""大知识",这与数据、信息、知识的包含关系不谋而合,也是事物发展的必经之路,是互联网进化的三个阶段。同时,我们看到在知识阶层最顶端的是智慧,而互联网最后的阶段也是"大智慧",但"大智慧"并不能因为大数据的积累,迈向大信息、大知识,从而自动产生。"大智慧"是需要在今后更长时间里由人类主导、突破。

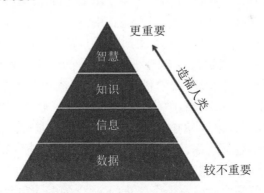

图 3.1 知识阶层金字塔

2. 教育传播的有效途径

教育传播的核心之一是知识的传送。上海图书馆馆长吴建中认为,知识是流动的,巨大的信息量只有通过激活、再利用,才能成为活的资源,并进一步产生新的资源[①]。数据本身是不会产生力量的,只有转化为生产力才能产生力量;知识被保存在固定的载体中是不产生价值的,只有在激活并加以利用的时候才会产生价值。

如何让知识流动,使教育更有效?吴建中认为,第一,要让知识从各自分散和

---

① 吴建中.知识是流动的[M].上海:上海远东出版社,2015.

独立的状态下释放出来,利用现代化资源描述方式讲它们揭示出来,增加与其他资源之间的关联,使它们处于可检索、可获取、可利用的有序状态,为开放和共享知识创造条件。第二,要保持知识流动的通畅性,即减少人为的摩擦和损耗。第三,要创造合适的交流环境,使空间、技术和人处于和谐状态。人是知识传播的主体,即使是在虚拟化的互联网时代,人与人依然需要面对面的交流,交流需要借助某种环境,如空间、技术、工具。交流的效率与环境有关,而交流的质量与人有关,只有以人为本,注重人在知识交流和传播中的关键作用,才能有效提升交流的质量,达成交流的目的。因此我们需要关注和研究空间、技术、人在信息交流与知识传播中的相互作用和影响。第四,要促进知识交流和共享。分享是人类交流的本能,在互联网诞生之前,人类交流分享的能力和空间是有限的,而互联网正是重塑了人与人之间的相互联系,使其更加紧密,沟通、交流、信息分享更为流畅、直接,不论是认识抑或不认识的人之间都能为其提供一个分享经验和资源的平台。但另一方面,分享也是有限度的,不加限制的分享将带来创造力的衰退。第五,要推动知识最大限度的开放,孤立封闭的系统是没有生命力的。开放已经成为一种全球共识,从 21 世纪初兴起开放获取到开放数据和开放科学,这场以知识共享为特征的开放运动正不断向纵深发展。

以前知识的存储环境是以空间为基础,知识的消费模式是以拥有为基础,因此它们一直处于静态的、等待激活的状态。在知识流动的最初形态中,人类是通过阅读获取的,我们为了保存方便,将它们固化在书简上,后来人类发明了纸张和印刷术,知识便被储存在书本中,从此书本和知识画上等号,一千多年来,人们习惯了通过读书获取知识。在正规学校或教育机构中,我们通过教师的传授,直接学习知识,在书籍中,我们有选择性地、按学科或是主题阅读相关书籍,获取知识。然而,互联网、数字化改变了这一状态,数字化时代为"流动"创造了非常有利的条件,知识的获取转化为以时间为基础的网格状态和以使用为基础的消费模式,这种状态为释放知识的能量创造了条件。虽然在互联网的初始阶段,我们依然深受阅读文化的影响,早期的互联网被称为"文档的网络",即内容被做成一个个独立的文档,而传统互联网模式便是建立在一个个静止的、孤立的电脑和网站上。但时至今日,信息来源的多形式、多渠道,已经为学习者提供了各种可能,我们不仅仅接收到成为文档的知识载体,我们也在吸收大量碎片化、临时性的信息资源,学习知识逐渐转变为接收信息。

根据《辞海》(1999 年版)的定义,知识是"人类认识的成果或结晶"。"知识就是力量"是传播了几代人的响亮口号,而现在,"数据就是力量"的说法已经得到大众认可。一方面,面对数字化时代传播内容从知识输出到信息输出的转变,博物馆作为一个课外教育基地,除了传统的场馆实体发挥教育传播职能,同样有义务承载更多媒体和通道的知识传达。数字技术使博物馆教育资源更具有开放性和共享性,从而推动博物馆教育资源配置的均衡性和公平性。另一方面,知识资源是丰富、多元的,但其中也存在着大量非常规资源、非结构化或半结构化数据,其中大部分没有得到有效利用,相当一部分正在流失。博物馆教育需要多渠道吸纳、聚合有利于场馆表达的信息,在此基础上将结构化的知识借助互联网等数字技术再次共享给场馆受众,而不是简单地将所有信息直接输出。

（二）从传播者成为知识构建者

其次是对学习本身的影响。

创新性的教育生态系统报告中认为,学习者从与学校有约到与学习有约的转变,体现了教育突破传统的以教师、指导者为中心的模式,转变为以学习者为中心,充分重视学生的主体性和能动性,学习者应是"具有内在动机和自我教育能力的人",可自由选择和决定学习的时间、环境、内容和方式。在数字技术的支撑下,传统受到物理空间以及时间限制的教育功能,其发挥作用的形式和途径日趋多样化,最为显著的影响是拓展了教育功能发挥作用的时空性,通过数字技术得以无限延伸,使学习具备了自主、自组织、协作、可视、愉悦、可控等特征。

在传统媒体时代,博物馆参观是观众获取博物馆信息及知识的主要渠道,是一种基于真实物件的真实体验。博物馆教育人员通过讲解、讲座、活动等形式进行信息传递,是传播行为的引发者,即传播过程中信息的主动发出者,且传播过程及传播效果受到时间、空间、受众等多方面影响。在传统媒体时代,能够在社会中成为传播者的只是少数人,他们需要经过专业教育和训练。而在新媒体时代,这种垄断显然已经被打破。由于互联网技术的发展和应用,每个人都可以发声,都可以成为传播者。在各个博物馆中随处可见的自媒体工作者,通过简单设备的拍摄、剪辑、制作、上传,就可以跟数以千计的受众分享传播信息。反之,基于"物"的博物馆参观学习已经不是获取相关信息的唯一途径,而且很显然,对于学生党、爱好者等受众而言,历史类、文化类、自然类等相关知识,博物馆官网、微信公众号并不一定是他们的第一选择,这也从一个侧面体现出互联网技术对博物馆教育的影响。数字技术使人们可以轻易地获得充足信息资源并建立各种关系,改变了教育形式及学习模式,这意味着数字技术在强化教育者技能的同时,也赋予了新的角色,或者说,使教育者的角色更具多样性。博物馆必须发展新的教育方式与之相适应,博物馆教育者也面临着身份转变以及新的挑战。

博物馆与公众之间的关系已发生变化,成为了与公众更具有互动性的合作伙伴,呈现更加多元化的社会角色;博物馆的学习模式也发生相应变化,借助数字技术向公众提供更广泛、自由的学习机会,构建更为丰富的、多感官维度的博物馆知识体系。新型博物馆教育应具备时空泛在性、深度交互性(人与物的深度交互、人与人的深度交互)、开放性等特点。所谓时空泛在性,指博物馆通过新媒体技术和移动技术,随时随地向公众提供教育项目,同时也能够随时随地接纳任何学习者进入到教育项目中来。深度交互性体现在两个方面,一是基于数字技术的交互式多媒体实现了人与物的深度交互,让博物馆向公众提供其在物理性维度上不可能实现的交互内容,使受教育者获得额外的物体或展品的解释。如利用一系列数字交互技术,红外接口、计算机预测和阴影捕捉等,结合实物展品,创造一个逼真的虚拟情境,让公众与虚拟展品进行全身交互。这种拓展人与物交互的方式,使得物自身的展示更全面,人对物的感知则更为深入全面。二是人与人的深度交互。传统的博物馆教育中,博物馆教育人员作为传播者,与受众之间是单一的交互途径,数字技术则提供了多样化的交互途径,包括社交媒体平台、网络社区、博物馆网站等等,突破时空局限,实现了实时沟通与交流。交互途径的多样化使交互内容更具深度,二者在交互的过程中,能够对彼此的思维方式和知识结构产生深刻的影响。最后,数字技术使博物馆教育方式更具有开放性。博物馆信息传播大致经历了三个阶段:第一阶段为专注于物件展示的信息单向发送阶段;第二阶段是专注于知识传播的信息被动接收阶段,信息传播的对象开始受到关注;第三阶段为专注于意义建构的信息主动编码阶段,本阶段的特征是信息反馈得到重视,博物馆尝试根据接收者所需来组织信息发送,甚至邀请观众主动参与信息编码[①]。由此可以看出,博物馆信息传播已从单一的信息传递转变为双向的信息交互与知识建构,即更为关注学习的过程。数字技术使这一过程更具开放性,数字化时代的一大特点便是信息共享的速度越来越快、途径越来越多、规模越来越广,博物馆教育者可以通过共享信息、学习方法和专业经验,成为学习过程的知识构建者。

  在全球化的趋势下,信息无处不在,而挑战则在于如何有效地利用信息,这就要求人们具备新的素养:一是信息处理能力,二是自我表达能力,三是跨文化能力。基于以上特点,数字化时代对博物馆专业人员在技能、知识、素养方面提出了更高的要求。所谓知识构建者,指博物馆教育者与传统场馆陈列展示时代相比,从展厅讲解员,延展出信息处理者、学习协作者、沟通中介者等多重角色。"信息处理者",由于信息越来越具有丰富性和竞争性,如同在各种各样的媒体中表达信息一样,寻找和评价信息的能力显得格外重要。博物馆的教育者同样需要具备信息素养和能力:一方面,信息处理过程使他们作为学习者对新的学习方式有更全面深入的了解,从而有助于理解现代学习者的行为和原理,及时完善与更新自身的教育理念和模式,更好地为学习提供支持。另一方面,教育者必须能够在众多的信息中准确获取有教育价值的资源,才能保证博物馆教育不会在信息海洋迷失方向。"学习协作者",数字技术催生的新型学习方式,使学习者拥有更多的选择,同时,也对学习者的信息素养和能力提出了要求。因此,博物馆的教育者,在传统的教育职责之外,必须在尊重受教育者主观意愿的前提下,协助他们作出选择和判断,帮助他们发展自主学习的能力。数字技术使得博物馆教育者必须转变角色,指导受教育者发现、解读藏品及其相关信息,并由此获得深刻的认知[②]。"沟通中介者",跨文化能力有

---

① 周婧景.博物馆以"物"为载体的信息传播:局限、困境与对策[J].东南文化,2021(2):136-145.
② 张丽.数字化时代中国博物馆教育发展研究[D].武汉:华中师范大学,2015.

着丰富的内涵，既包括多语言能力，也包括文化理解能力、文化整合能力以及开放包容的精神与合作的态度。跨文化能力已经成为现代青年的基本能力，是人的现代化和全面发展的重要内容。博物馆作为增进文化的多样性和包容性，促进文化交流的阵地之一，承担着增进人们对于文化多样性的了解和认识，促进跨文化交流的社会目标。意大利的博物馆多数都与当地社区历史和环境密切相关，而这种地区性的角色也是意大利博物馆文化的一个组成部分。意大利博物馆的使命就是传播地方文化属性及历史、社会和自然文化背景，其博物馆组织在十多年前便开始策划一系列跨文化项目，"遗产和跨文化"网站便是致力于文化遗产的知识普及，记录了意大利博物馆同学校、成人教育机构、图书馆等机构合作开展的跨文化项目。博物馆和文化是一种可持续发展的跨文化资产，是人类和平发展所不可或缺的。依托数字技术，博物馆不应再局限于传统的功能和认知范畴，而是在履行传统目标的同时，积极探讨新的策略方法，寻求新的观众群体。在当下全球变化及其引发的社会、经济、文化动荡的背景下，如何提升社会凝聚力，提高公众跨文化能力，促进文化间交流，是博物馆教育者需要思考的问题。

（三）从技术系统到社区系统

最后是对教育系统的影响。

自20世纪90年代数字博物馆发端于美国伊始，博物馆数字化研究及发展更多聚焦于技术层面。作为一种文化遗产管理和利用的新模式，"博物馆信息化""博物馆数字化""数字化博物馆""数字博物馆""虚拟博物馆"等称谓体现的都是"数字博物馆以数字形式对可移动文物和不可移动文物的各方面信息进行收藏、管理、展示和处理，并可以通过互联网为用户提供数字化的展示、教育和研究等各种服务，是计算机科学、传播学以及博物馆学相结合的信息服务系统[①]"。

随着技术研究的深入以及博物馆教育的发展，对数字博物馆概念界定的侧重点发生了变化，由原先对技术应用的关注，转变为对"人"的关注[②]。博物馆在"以人为本"的服务设计理念指导下，通过5G、人工智能技术等新技术的应用和实践创新，不断提升服务质量，为受众体验公共文化服务创造了更多空间，"智慧博物馆"的理念应运而生。数字博物馆只是数字化技术应用于博物馆的前期过渡，而"智慧博物馆"是以数字博物馆为基础，充分利用物联网、云计算等新技术，构建以全面透彻的感知、宽带泛在的互联、智能融合的应用为特征的新型博物馆形态[③]，是数字化、网络化、智能化时代下的博物馆发展目标。随着人工智能技术的深度应用，以虚拟现实、增强现实、图像识别、语音识别和自动翻译为代表的新技术应用为用户创设了新的体验情境；在移动互联网快速发展的进程中，以微信、抖音为代表的移动应用程序从提升用户需求层次出发，为用户提供了参与体验与生成内容的生态

---

① 杨向明.数字博物馆及其相关问题[J].中原文物,2006(1):93-96.
② 孙逊.基于文献计量与定性分析法的我国数字博物馆研究进展[J].东南文化,2015(3):105-113.
③ 陈刚.智慧博物馆：数字博物馆发展新趋势[J].中国博物馆,2013(4):2-9.

性服务情境,不仅改变了用户的信息交流习惯,培养了移动服务与交互方式,而且提高了用户参与体验的热情,为博物馆智慧服务设计提供了新视角[1]。

同时,在全球化的背景下,博物馆也日益成为社区、景区、社群的文化中枢以及社会的活跃参与者。博物馆非正式教育理念已深入人心,学习不仅只发生在学校、教育机构等正式教育领域,更是广泛、持久地发生于非正式教育领域,比如家庭、社区、公共文化机构等。与之相应的,学习途径更多样(课堂课程、非正式活动、社会实践、网络资源等),学习内容更宽泛(学科理论、社会科学、风俗文化等)。正如创新性的教育生态系统报告中定义的"教育生态系统"是指一个承载多样化平台的提供者,博物馆的教育系统已由单一个体的技术系统转变为融合多平台的社区系统。

所谓"社区系统"指代在某一博物馆或博物馆集群服务所能覆盖区域内有序进行人流、物流、信息流等优化配置,提升学习质量、提供交流沟通的时空平台,是由若干个个体、群体和组织及资源等构成的教育生态系统。基于教育生态学的基本理论观点,对于博物馆社区性的教育生态系统可以理解为四个方面。第一,教育过程出现了多渠道、多样化、多场合的特征,是教育功能社会化的体现,从受教育者角度来说,教育者的身份多样,教育场所多样,人们的社会联系日益广泛,社会活动日益频繁,各种知识信息传播极快,各种不同社会机构的教育功能和作用也日益明显。第二,各种教育机构互相联系,又互相制约,即所有具有教育属性的机构彼此间并不孤立,而是相互联系相互制约,形成一个总的教育系统。这种联系可以是政治的、经济的,也可以是教育的,它们对教育的影响,会从一个机构扩展到另一个机构。教育的作用可能是互补的,也可能是一致的,也可能是不一致的。第三,偶然学习是教育的一种形式,教育所产生的结果,有些是有目的,而有些则是无目的的,这种偶然的学习机会是教育的一种形式,不应被忽视。第四,教育生态系统在于揭示教育情境的范围和复杂性,教育贯串于个人生活的全过程,学校这一传统的教育模式及教育情境需要被打破,而社区系统的社会性这一特征需要得到更多重视。

文旅融合、馆旅合作正在成为博物馆社会参与的一种重要方式。"社区"成员间通过共同语言、风俗和文化相互联系,并由此产生共同的结合感和归属感。数字化时代的博物馆文化传播迎来了众多新的机遇,但同时也面临着博物馆文化影响力不足,主流媒体话语权弱化、文化传播重信息而轻文化,同质化现象严重、技术应用千篇一律等众多难点。荷兰阿姆斯特丹大学瑞蒙尔·诺普教授(Dr. Riemer Knoop)在"全球化与数字化视域下的文化遗产"这一话题中曾特别指出,传统的博物馆伦理和价值观正处于大变革时期,经济不稳定等因素使一些博物馆在财政上陷入困境,同时,传统博物馆的文化输出方式受到了数字化革命的冲击和挑战。伴随全球化产生的人口老龄化、城市同质化以及共享经济的发展对博物馆提出了更高要求。对此,博物馆需要提供更加个人化和个性化的服务,通过举办一系列的互

---

[1] 徐延章.新技术条件下的博物馆智慧服务设计策略[J].东南文化,2021(2):159-164.

动分享项目,为公众,尤其是本地公众搭建起分享情感、体验、记忆的平台。而对于更为广泛的受众群体而言,更大限度地在网络上分享博物馆文化资源,无疑是更为有效的文化传播途径。值得注意的是,尽管科技的进步和发展为博物馆提供了前所未有的机遇,但我们也应警惕可能出现的伦理危机,以及随着传统博物馆的信息共享与文化传播模式的改变,知识产权、文物数字化采集、观众体验及服务等方面的问题,确保博物馆有足够的资源和能力来跟上技术革新的脚步。

三、社会职能中的全面覆盖

无论是以藏品为核心和基础的自然历史类博物馆,还是以互动展示为主要手段的科学技术馆,"展览"都是它们向公众实现教育功能的主要途径,同时也是它们区别于其他教育机构发挥教育作用的特殊手段[①]。21世纪的第一个二十年是中国博物馆飞速发展的黄金时代,可以说,中国博物馆仅仅用了二十年完成了西方博物馆一个多世纪的发展历程[②]。在这期间,中国博物馆的总数已增长至五千余家,并且还在持续不断地增长。数以千计的场馆对应数以万计的展览,在这二十年间也不断经历着策展方式、设展理念的变化,同时,越来越广泛的展览选题、呈现形式也辐射更多人群。在2021年"5·18国际博物馆日"开幕式上公布的数据表明,2020年度我国博物馆推出陈列展览2.9万余个,接待观众5.4亿人次,网络观众数以亿计[③]。网络观众计数虽是一个约数,但此概念是第一次在博物馆行业报告中被指出,可见,当数字化时代来临,对于展览策划选题、用户开发拓展等方面产生的影响同样需要我们关注。

(一) 从阐释展览到虚拟展厅

贝切尔(Belcher)曾指出,"只有展览给真实、可信的物品提供了一种可控的接触,也正因此,使得博物馆展览显得如此重要"[④]。一直以来,真实的收藏品作为传统博物馆最具核心价值的资源,是大多数展览的物质前提。对于博物馆展览的分类,除了常规方法,不少学者也做了更多有意义的研究。如严建强根据展品政策、研究重点与深度及设计布展方法不同,将展览分成器物定位型和信息定位型,前者是一种以器物为本位,将器物欣赏作为主旨的陈列体系;后者则以信息为本位,以传播特定的信息与知识为主要目的的陈列体系[⑤];陆建松依循展览的传播目的和构造差异,分成审美型和叙事型主题展览。前者指以审美为诉求的文物艺术品展览,后者是指有明确主题思想统领的,有严密的内容逻辑结构及其结构层次安排的

[①] 陆建松. 博物馆展览策划:理念与实务[M]. 上海:复旦大学出版社,2016.
[②] 沈辰. 再论当代博物馆的策展:展览主题李熠和陈列设计的关系[J]. 故宫博物院院刊,2021(5):4-13.
[③] 徐秀丽,李瑞. 2021年"5.18国际博物馆日"中国主会场活动开幕式在首都博物馆举行[EB/OL]. [2021-5-18]. http://www.ncha.gov.cn/art/2021/5/18/art_722_167996.html.
[④] 博伊兰. 经营博物馆[M]. 国际博协中国国家委员会、中国博物馆学会译. 南京:译林出版社,2010.
[⑤] 严建强. 新的角色 新的使命:论信息定位型展览中的实物展品[J]. 中国博物馆,2011年合刊.

叙述性展览；或是为了传达一种文化、一种自然现象、一个人物或事件、一段历史等[1]。这两种方法均注重发掘来自物品本体的内涵，前后者的区别聚焦在物品的主导地位偏差。

　　展示理念对于博物馆陈列展览水平具有关键作用，随着中国博物馆的蓬勃发展，展览策划的理念及实践都出现了巨大变革。首先是理念上"博物馆对社会大众的期望"到"社会大众对博物馆的期望"的转变[2]，即从"从藏品首位"到"以观众为中心"，从而引发博物馆一系列变化，即从单纯地强调展示物件信息，到注重物件与观众之间产生联系的转变，随之应运而生新的展览类型，而实物在其中扮演的角色或是所占的比重也已经发生了新的变化。这个全新的展览模型主张纳入观众视角，促成观众参与，已从"减少实物展示，增添辅助展品及语词符号系统"等无意识的阐释现象，变成需有意识加以概念构建的研究对象，即为"阐释性展览"。"阐释性展览"是指以展览要素作为沟通媒介，向观众传递藏品及其相关信息以促使观众参与的展览，最终目标是促使观众身心两方面参与。它与"非阐释性展览"相区别的根本标准就在于能否促使观众参与。阐释性展览能提供观众相关联的真实体验，使他们按个性化需求自由选择学习，有助于展览被各类观众有效使用，推动个人意义建构，以吸引新观众和提高重复参观率[3]。

　　要实现观众参与，仅通过单纯的知识和事实传播本身肯定无法满足观众成长性需求。随着网络时代的到来，孤立的知识点或是事实片段是极易获取的资源，因此，忽视阐释整体性的展览策划，并且习惯于百科全书式的说教很难吸引观众与自身产生关联。同时，大量运用数字化手段呈现展项酷炫效果，同样无法促使观众参与，这也是目前策展过程中容易发生的问题。当前的传播方式已突破单一视觉传达，展览要素异质性增加，体验层次更为丰富。借用新技术、新手段提高阐释完整性的方式本身无可厚非，但如果一味重视方式创新，而非内容阐释则并不可取。比如，辅助展品的设计制作只顾及艺术性、审美感，而忽视内涵赋予的价值；或是盲目追求新颖的传播方式，借助高新设备和技术博眼球，而展项本身其实只能获得相当的感官刺激，而科学性、真实性却无从谈起。诸如此类，展陈方式的创新与物件内容阐释相关性不高的现象是需要避免的，因为非阐释性展览的本质，即便能让观众获得新奇的身体体验，也难以获得大脑参与，从而关联内容、实现理解并获得启发。

　　阐释性展览的网络资源化也是一个需要全新摸索的领域。纵观目前普遍的网络资源，大部分仍然是信息的堆积，不论从搜索的关联度，还是构建的完整性，对受众来说仍是不友好且不具备可参考性的。做好展陈资源的再利用与传播是一把双刃剑，如何真正借用技术力量，促进观众参与，特别是在虚拟平台上的展项形式、内涵呈现，确实是更为严峻的挑战。如果只是照搬展陈内容，以物堆砌，很可能无法

---

[1] 陆建松. 博物馆展示需要更新和突破的几个理念[J]. 东南文化，2014(3)：98-101.
[2] 威尔. 博物馆重要的事[M]. 张誉腾，译. 台北：五观艺术管理有限公司，2015.
[3] 周婧景. "阐释性展览"：试论当代展览阐释的若干问题[J]. 东南文化，2019(6)：95-103.

获得认同感,也无法让观众产生共鸣,从而促成身心的参与投入。另一方面,大多数博物馆都已开通各类互动网络平台,这确实提供了一条拉近与受众之间距离的渠道,使得交流更为便捷、快速、直接。面对成千上万积极抑或消极的信息反馈,博物馆不应刻意关注好评或差评,而应该从中选取有益内容,真正撷取有用资讯,除了满意度调查、观看参与量等数据之外,收获更多前置用户需求,助力场馆自身展览重构,从而反向为展览策划提供有用信息及无尽创意。

(二)从观众参与到用户拓展

社会价值最大化是当代博物馆的首要目标,不断扩大的服务对象势必带来多元化的需求,在需求导向的前提下,势必需要在用户关注思维上进行革新。简单来说,突破对某些类型博物馆受众的常规设定及保守定位,比如,历史类博物馆更适合具有一定历史知识基础,并且自身对展览感兴趣的专业型观众;又比如,科学技术馆只适合作为第二课堂,丰富青少年的课余生活。当然,因为博物馆的定位、主题大相径庭,用户的类型必然存在不同,无法做到完全普适,但仅从场馆自身服务、主动拓展的角度考虑,对特定人群的广泛关注以及特殊人群的主动忽视现象仍是多数场馆存在的问题。

可以看到,为更好地利用场馆资源,惠及更多受众,场馆资源的数字化呈现是目前的热门做法,云逛展、云课堂等线上科普资源成为了各个博物馆全力推进的工作。这在一定程度上确实可以将场馆资源最大化面向社会,特别是在疫情影响的特殊情况下,观众无法到达场馆,通过线上资源主动将场馆资源呈现在可及之处。然而,"可及"依然存在限制条件。不言而喻地,首先用户自身需要具备获取资源的能力;其次,资源的真实价值,包括呈现方式及内容内涵等。据笔者观察,虚拟展厅是各大场馆线上资源的标配。简言之,从技术手段上来讲,就是通过360°全方位的场景摄制,将展厅展陈内容全景还原。如果读者操作过虚拟展厅界面会发现操作的流畅度受到设备的限制,一般使用可触摸设备更为便捷,当然前提是用户具有设备并且会使用。这一条件其实已经将很大一部分用户排除在外,包括老年人、残障人群等等。

另一方面,用户的拓展离不开宣传,数字技术的便捷性使信息的传达较之以往更快速、准确。加拿大皇家安大略博物馆的"激情星期五之夜"(Friday Night Live)活动,会利用某社交媒体进行宣传,他们认为这个活动的主要受众是19~35岁的群体,且该群体广泛使用此社交媒体,因此他们的宣传策略为他们带来了源源不断的大量观众[1]。这是一个利用互联网进行精准投放带来利益最大化的典型案例,从商业的角度它无疑是成功的,但若从博物馆自身社会职能角度,显然存在一定的去观众化,它将用户限定在一定范围内,无法辐射广泛人群。因此,数字化时代的技术优势如何发挥,如何利用数字手段实现博物馆社会化职能,仍然需要以博物馆

---

[1] 沈辰,毛颖.西方博物馆展览策划的理念与实践:从策展人谈起[J].东南文化,2017(2):6-13.

服务理念加以支撑。

单霁翔指出,起初博物馆对"人"的重视主要表现为对观众的重视,而至1974年博物馆定义指出的"为社会和社会发展"的宗旨,实际上就是更广泛地对"人"的关注[①],因此笔者在此节中强调突出"用户"概念,而观众是一般对于已经到达或者对博物馆有主动认知的群体,博物馆若要实现其社会价值,要从用户,即"人"的角度出发。这一发展趋势,也是观众拓展理论的核心。观众拓展理论是近年来在西方国家文化艺术机构中流行的概念,即指一系列有计划的、增进组织和观众关系的活动。这些活动通过全方位的方式和措施,旨在消除现有及潜在观众参与文化活动的壁垒,以满足观众需求并加深和促进观众与组织关系,最终实现组织良好发展[②]。作为受众相对固定的场馆类型,这一理论的提出也表达了文化艺术类博物馆对人的服务、对社会的责任,符合博物馆工作重点转移的新趋势。相较于企业商业运营中的"市场营销"经营原则,"观众拓展"理论重点关注的是消除潜在用户参与博物馆文化活动的壁垒,吸引更多用户的参观和参与,这也正是博物馆借助数字化技术服务观众过程中,需要树立的理念支撑,做到主动拓展,全面覆盖,做到技术适配需求。

虽然数字化已经渗透到博物馆的藏品、展览、管理、基础设施等各个领域,但数字化建设绝不仅仅是技术建设,它应是综合多种因素的一种综合性的能力建设。归根结底,技术应该服务于需求,数字化终究是一种工具而非目的,对于博物馆和博物馆人来说,这是一个根本性的问题。新技术变化日新月异,博物馆应把观念的因素、文化的因素、人的因素结合起来,依据现状做好当下的工作,不要为了数字化而数字化,一定要让数字化有实际的意义,才能够让数字化建设走的更远更稳,让数字化建设产生长远、有效的积极影响。

第三节 数字化时代博物馆呈现新业态

2018年国际博物馆日的主题为"超级连接的博物馆:新方法、新公众(Hyper-connected museums: New approaches, new publics)"。自国际博物馆日设立以来,每年国际博物馆协会都会在5月18日这一天举办庆祝活动,旨在提醒公众认识到,"博物馆是促进文化交流,丰富文化生活,增进人们之间相互理解、合作,实现和平的重要机构",同时也会提出与博物馆发展相关的关键理念。

"超级连接(Hyperconnectivity)"一词首次出现要追溯到2001年,以描述当今

[①] 单霁翔.关于博物馆的社会职能[J].中国文化遗产,2011(1):8-25.
[②] 王富林.博物馆观众拓展研究[D].济南:山东大学,2019.

社会多渠道的沟通媒介,包括面对面的交流、电子邮件、即时通讯软件、电话以及互联网。随着全球联络网变得日渐复杂、多元和融合,在超级互联的今日世界,博物馆也融入了这一潮流。因此,国际博物馆协会将2018年国际博物馆日的主题确定为"超级连接的博物馆"。随着科技的发展,如今的博物馆可以吸引核心观众以外的群体,通过新的藏品阐释手段找到新的观众:博物馆可以将藏品数字化,为展览增添多媒体元素,比如,一个简单的社交媒体"标签"就可以让公众在社交媒体上分享体验。

在超级互联的数字化时代,博物馆为了更好地完成社会的期待,正在不断完善收藏、研究、展示、教育和服务功能,积极提升连接社会、服务大众的能力和水平。这其中新技术在博物馆的创新发展和实践应用中,显得越来越重要。新技术应用于博物馆,已经在很多方面有效地提升了博物馆工作效率,也在许多方面改变着博物馆,影响着博物馆与观众的关系,并逐渐形成了多方位的博物馆新业态。

一、传播方式推陈出新

博物馆的业态发展与传播媒介密切相关,随着信息技术的迅猛发展,新的媒体技术也在不断变革。媒介融合时代的到来,构成了全新的文化传播体系,给传统文化传播带来了崭新的挑战和深远的影响。作为一个文化机构,博物馆区别于书本的重要意义在于通过各种肉眼可查、实体可触的藏品和展陈,唤醒人们对历史的记忆,进而对这一记忆背后的问题进行探讨和反思,从而达到促进人类和谐共处的目的[1]。

在科技迅速发展的"互联网+"时代背景下,博物馆除了是传统意义上作为"文化宝库"对文物进行收藏和保护的机构外,更是一个塑造地区甚至国家文化形象、价值形象的文化传播机构。博物馆作为公共文化服务体系中的重要组成部分,在信息经济、智能经济以及新技术应用发展的多重驱动下,必须看清传播方式的升级路径,运用高新信息技术推动事业发展,扩大传播广度、加深传播深度,加快传播方式的调整与转型[2]。

(一)云博物馆将成为常态

在一个似乎所有的东西都应该被搬上互联网的时代里,技术的发展已经让我们的生活发生了天翻地覆的变化。一切都是新的:移动支付、虚拟现实、在线游戏……技术进步的步伐是如此快速。在这个特殊时期,技术迭代又体现出它神奇的力量。

受疫情的影响,世界各地的博物馆几乎都遭受了前所未有的冲击,各国的封闭隔离政策让博物馆这一公共文化机构集体关闭。在这种困境下,几乎所有博物馆

---

[1] 王勇强.新技术应用对博物馆的改变与影响[J].中国博物馆,2018(2):36-40.
[2] 骆晓红.智慧博物馆的发展路径探析[J].东南文化,2016(6):107-112.

都加紧了在线服务的开展,甚至在虚拟现实中提供展览和参观服务。在社交媒体的帮助下,世界各国的博物馆在闭馆的同时纷纷开放了线上浏览的业务。利用新技术带来的便利大力推行各种在线服务,甚至借用了一个流行的字眼——"云"。于是,无数云博物馆纷纷上线,在社交媒体的助力之下占据了网络新闻、微博、微信等互联网的各个角落。疫情有意或无意地加速了博物馆数字化的进程,让人们对未来博物馆的形态和服务内容充满了期待。未来博物馆的概念是否会在数字化的浪潮中发生改变?疫情过后,云博物馆会成为常态吗?

要回答这个问题,首先要了解什么是云博物馆?在疫情爆发前,其实大部分博物馆都有线上访问通道,有的是 Web 版的简单页面,有的是通过全景拍摄的虚拟导览,但要达到接近现场观展体验还有很大的差距。好在每一次数字技术的重大突破都吸引我们向着博物馆的新形态迈进,借助 5G 技术、虚拟现实技术的革命,部分云博物馆已越来越接近现场观展的真实度,甚至从某些层面超越了真实观展的信息量。云博物馆可以是数字化还原的博物馆真实场景,可以是高清展品的图像资源库,也可以是以空间体验为主的虚拟导览。无论从目前的哪个方面去定义,云博物馆都有一个很大的优势:它打破了博物馆固有时空的局限性,允许人们在世界任意一个角落欣赏和研究自己关注的展陈内容。

以卢浮宫博物馆为例。卢浮宫博物馆是世界上参观人数较多的博物馆之一,2018 年的参观人数达到了 1020 万,比 2017 年增加了 25%。卢浮宫建筑位于欧洲的中心城市巴黎,恢宏而华美。除了丰富的藏品之外,这座建筑极大地提升了它作为最受欢迎的博物馆的地位。但对于很多博物馆来说,过多的参观者显然不是一件好事。比如秘鲁的世界文化遗产马丘比丘,其参观人数多年以来都远远超过联合国教科文组织建议的人数限制。参观人数过多势必增加了公共空间的安全隐患,这也是包括上海科技馆在内的很多机构的担忧之一。因此,如控制出票总量、减少开放时间等各种限制参观者数量的措施就成为了很多博物馆所认同的解决方案。

上海世博会期间在中国国家馆展出的国宝秦陵一号铜车马,观众参观时会踏上一条定速传送带,从观看起到传送出展厅都是定速定时的,每位观众观看的时间不超过 1 分钟;伦敦维多利亚与阿尔伯特博物馆所藏的波斯阿尔达比勒地毯(Ardabil Carpet),在博物馆每天的开放时间中,每个小时仅仅点亮照明灯 10 分钟,以便游客在不破坏地毯丰富色彩和精美质感的情况下欣赏它。

空间的限制、人数的限制、观展时间的限制,这些反而都成为了云博物馆的优势,人们不需要满世界旅行,也不用受到参观的约束,这将极大提升博物馆的传播效能。

根据《互联网世界》杂志 2019 年 4 月的最新统计数据,世界 56.1% 的人口拥有互联网接口,这意味着潜在的在线博物馆访问者数量超过 43 亿。随着虚拟现实技术的进步,我们不难想象未来会出现这样一种情况:学生们在课堂上戴着虚拟现实设备参加老师策划的旅行,参观世界最著名的一些博物馆,就像在真实的博物馆中行走。甚至,根据网络状况,人们不用通过在线的虚拟博物馆参观就可以学习和理解艺术品的内容。无论是通过社交媒体的现场问答活动、对展览策展人和艺术家的采访,还是最流行的网络直播,有多种方式可以把艺术爱好者和博物馆、艺术家联系在一起。

目前世界上主流的博物馆几乎无一不提供了虚拟参观的在线服务,比如巴黎卢浮宫博物馆、纽约大都会博物馆等。事实上,把博物馆的物理展示转化为在线内容并不依赖最新的高科技。上海科技馆早在2008年就利用全景图片打造了展厅的虚拟导览,伦敦国家肖像画廊的馆长尼古拉斯·库里南在接受《艺术新闻》的采访时曾经谈到,大约有42%的网络用户来自于英国海外,他们访问博物馆的主要形式仍然是浏览图片,因为虚拟现实技术驱动的一些新的服务受限于网络带宽而效果一般,无法引起严肃的参观者的兴趣。值得一提的是,社交媒体在博物馆数字化、网络化的过程中扮演了无比重要的角色,微博、微信等平台提供的便捷服务降低了在线博物馆的准入门槛,也凭借他们巨大的用户数成为人们访问在线博物馆的主要方式。

图 3.2　上海科技馆虚拟导览

如此看来,在线博物馆无疑可以打破时间和空间的限制,成为分享文化最为便捷的方式。那么实体博物馆会被完全数字化所替代吗？这个问题,其实不难回答,出版行业早就给我们做了榜样。数字化时代中,购买纸质书或报刊已经不再是阅读的主流,人们早已习惯用手机等移动终端阅读新闻、邮件、小说,但这并不代表人们不再购买图书。卢浮宫博物馆可以把《蒙娜·丽莎》进行甚至肉眼看不到的高清数字化,并通过谷歌艺术和博物馆网站分享给世界,但人们仍然会蜂拥至巴黎,在人群中去捕捉那个神秘的微笑,这和我们在买到心仪的图书后轻嗅纸张清香的道理是一样的。正如美国脱口秀泰斗乔治·卡林曾经戏言的那样,"从人类开始耕种的时候,拥有自己的'东西'就成为了文明的标志。博物馆让我们保存了所有的'东西'。"只要我们仍然需要"东西",我们就需要实体的博物馆。也许当人类完成另一次进化之后,才可能自身成为数字化时代的一部分——而不是缔造者和参与者。

这次疫情过后,数字化的云博物馆一定会持续下去,这是在技术革命浪潮下博物馆传播方式无法回头的必然趋势。博物馆是否会彻底完成数字化和网络化的问题尚无定论,但是有一点可以肯定,实体博物馆与云博物馆会互补,共同形成博物馆的新型业态。

(二)直播成为博物馆与公众连接的重要方式

网络直播亦被简称为直播,指的是运用数据采集设备,将现场实时的音频和视频通过直播软件上传至网络,用户可以通过直播软件收看并参与互动的一种视频互动社交新媒体。身边常见的笔记本电脑、智能手机都可以作为直播设备。而移动互联网的发展更是让随时随地的看直播、做直播成为可能。

直播并不是从新冠疫情后才走入公众视线的。2012年11月,易观国际董事长兼首席执行官于扬在易观第五届移动互联网博览会首次提出"互联网+"理念,很多人开始意识到互联网带来的巨大创造力和创新力,"直播+"实质上是"互联网+"的一种表现形式。从2016年开始,网络直播就进入了爆火时期,继YY直播后,映客、快手、花椒、新浪、腾讯也开始加入,还有无数的小的直播平台如雨后春笋般拔地而起。网络直播以其简易的设备、新颖的形式和丰富的内容,迅速成为互联网新宠,引起全社会的广泛关注。

网络直播势如破竹地在国内发展的同时,也为博物馆的传播带来了新的机遇和挑战。2020年受新冠疫情影响,故宫博物院于清明小长假开展了首次直播,使文物再一次"活"了过来,影响甚广,各地文化馆竞相效仿。2020年2月23日,苏州博物馆"博物馆云春游"主题系列直播活动,产生193万观众流量,吸引了58万观众观看;同年3月1日,布达拉宫进行了1388年历史上首次直播,51分钟时间里有92万观众通过淘宝直播"云"游布达拉宫的建筑和馆藏……文博界开始借助新兴媒介平台,实现博物馆传播方式的全面升级。根据直播内容,博物馆网络直播通常分为以下几种类型:

1. 展陈讲解直播

陈列展览是博物馆向公众展示藏品及研究水平的主要载体,是开展社会教育、提供公共服务的重要渠道。直播博物馆的展陈讲解,也起到宣传、推广博物馆的作用。因此,多数博物馆以展陈讲解作为首次直播的内容。其中既有基本陈列,如南京市博物馆的"南京城市史展",也有临时展览,如上海科技馆的"鲸奇世界"原创临展。

2. 学术讲座直播

学术讲座是博物馆开展社会教育、提供公共文化服务的又一途径。诚如美国博物馆学家古德所言:"博物馆者,非古董品之墓地,乃活思想之育种场。"目前,已有多家博物馆对本馆举办的学术讲座进行了网络直播。其中,上海科技馆的"科普大讲坛"与上海自然博物馆(上海科技馆分馆)的"绿螺讲堂"都取得了较好的社会反响。

图 3.3　2009 年上海科普大讲坛首讲

3．其他活动直播

博物馆的一些其他方面活动也被搬上直播平台。比如国家博物馆将直播带进在成都举办的博物馆及相关产品与技术博览会的现场，对国家博物馆的展位进行推广介绍。首都博物馆也在探索网络直播在展览开幕式及相关表演展示中的应用。

其实，网络直播的雏形最早可以追溯到 2008 年的播客，当时这种用视频传递信息的方式迅速走红却又因发展方向模糊逐渐失去市场，而"直播＋博物馆"的发展模式却能带来文化价值新方向，主要有以下三方面的原因：

1．实时互动交流，创新参与模式

直播软件将视频直播、弹幕与实时互动相结合，成为网络直播的亮点。在博物馆的直播过程中，一方面，博物馆与观众之间可以进行互动，比如观众不仅可以发送弹幕向博物馆主播提出问题或请求，还可以通过点赞或赠送各种虚拟礼物表达对博物馆主播的称赞和喜爱，而博物馆对此也能够实时进行回应与感谢；另一方面，观看直播的观众之间也可以通过弹幕进行互动，网络直播成为博物馆公众之间交流的平台。而上述所有的互动行为都会实时的呈现在直播界面上，给观众带来一种前所未有的参与感。可见，与博物馆传统的传播交流手段相比，博物馆直播开创了博物馆与公众间、公众与公众间实时互动交流的新模式。

2．场景实况呈现，提升文化体验

网络直播实现了信息传播从单纯的文字、图片、音视频到更高级的实时影像，大大丰富了信息传播的内容，提升了信息传播的效果，为大众提供体验场景实况的感受。这种现场感在展陈讲解类直播中表现得最为突出。虽然博物馆展陈讲解类直播与云博物馆似乎异曲同工，但仅就感官体验方面而言，两者就存在明显的差别。通过云博物馆,观众所看到的是经过数字化处理的展厅,是一种虚拟的感官体验。然而通过博物馆的展陈讲解直播,观众看到的却是展厅的实时场景,是一种真实的感观体验。由此可见,博物馆通过直播网络赋予了公众一种实时场景化的公共文化服务新体验[①]。

3. 受众规模庞大,社会效益广泛

2020年以来,直播行业迎来发展新机遇,直播卖货一度火爆。据中国互联网络信息中心(CNNIC)发布第45次发布的《中国互联网络发展状况统计报告》数据显示,截至2020年3月,我国网络直播用户规模达5.60亿,较2018年底增长1.63亿,占网民整体的62.0%。同时,博物馆主要利用其官方微博、微信平台推广直播活动,而每座博物馆微博、微信的粉丝数量少则数万人,多则上百万,也成为博物馆直播的稳定的观众基础。据新浪官方统计数据显示,"约会博物馆"直播项目已累计获得8.7亿阅读量、44.3万讨论量。可见,庞大的网络直播用户规模以及成熟的微博、微信推广平台共同为博物馆直播提供了受众群体庞大的独特优势,进而使博物馆发挥更为广泛的社会效益。

丰富灵活的新媒体传播手段给博物馆文化传播带来了新机遇。在数字化时代,要想使更多人走进、了解博物馆,博物馆应该在扎实做好线下展览的同时,主动提升传播方式的升级迭代,充分利用网络视频直播这一直观快捷、交互性强、不受地域限制的工具,传播好博物馆文化,这也是互联网时代公共文化服务的新趋势,应该成为一种新常态[②]。

(三)慕课与博物馆传播的创新结合

2020年,当新冠疫情袭来时,上海教育工作者精心打造的"空中课堂",让"停课不停教、不停学"成为现实,让150余万中小学生获益良多。"空中课堂"的上海方案涵盖了从小学一年级到高中三年级的在线教育,总计约41个学科段。2020年2月4日晚,41个学段学科参与"空中课堂"视频课建设的"梦之队"全部集结完毕,他们主要由上海市、区教研员和优秀教师组成,大部分是特级教师、正高级教师、"双名工程"团队成员、国家级、市级教学比赛获奖教师。还有其他无数上海教师的默默付出,为学生们"成长不延时"提供了坚强保障,用行动诠释了上海教育现代化的高度与温度。

"同一学段、同一课表、同一授课老师",按照这一原则,上海市中小学生自2020年3月2日起,以电视为主、网络为辅的形式,开始了史无前例的大规模在线教育学习。直至2020年9月2日全市中小学生均已返校学习,"空中课堂"秋季课程在东方有线和百视通IPTV的电视大屏端,每天仍然保持20万人左右的收视,可见在线课程的非凡魅力。

[①] 白莹. 浅析博物馆对新媒体的应用:以网络直播为例[J]. 博物馆研究,2017(1):71-72.
[②] 陈恒. 博物馆网络视频直播宣传略谈[J]. 文物鉴定与鉴赏,2020,181(10):126-127.

图 3.4 新冠疫情期间推出的上海教育空中课堂

1. 什么是慕课？

上海市中小学"空中课堂"的运行模式，其实就是一种慕课的形式。慕课（Massive Open Online Courses，MOOC），是大规模在线开放课程的简称。它起源于高等教育教学，发起者希望通过这样一种形式，把优质教育资源完全呈现在网络上，供广大学习者参与[1]。

慕课始发于 2012 年美国大规模开放的在线课程。斯坦福大学、哈佛大学和麻省理工学院陆续推出了 Udacity、Coursera 和 edX 在线教育平台，慕课全球三大供应商应运而生，为更多学生提供了系统学习的可能。慕课似乎一夜之间成为世界高等教育的热门话题，世界各国都对此也予以了高度的关注，紧随美国也开始了慕课的探索。德国哈索·普拉特纳学院（Hassop Plattner Institute）以信息技术系统工程专业闻名，宣布建立全新的慕课平台，名字为"开放 HPI"。英国是继美国之后，在大规模开放在线课程领域甚为超前的国家，英国开放大学推出英国大规模在线课程平台"未来学习"（Future Learn）以应对来自美国实力强劲的教育机构的竞争[2]。

再看国内，2013 年是中国慕课元年。我国高校陆续启动慕课进程，香港中文大学、香港科技大学以及北京大学、清华大学率先在 Coursera 和 edX 开课。清华大学紧随国际动向，研发慕课平台"学堂在线"，在中国本土发布全球首个中文慕课平台。随后，"东西部联盟""好大学在线"等纷纷宣告加入慕课行列，同年，高等教育出版社"爱课程"的加入，为慕课在中国的发展打下坚实的基础。此后，全球慕课一直呈现高速增长的发展态势。据 Class Central 发布的数据显示，目前全球中文慕课有超过 12500 门次，中国注册的慕课平台超过 10 家，其中，规模最大的"爱课

---

[1] 崔琳琳，马秀梅，白阳，等. 慕课资源的科普转化及运营服务[J]. 科普研究，2020，87(4)：99-110.
[2] 黄洋. "互联网+"时代博物馆慕课开发探析：以"21 世纪博物馆的幕后风景"为例[C]//中国博物馆协会博物馆学专业委员会. 2017 年"经济环境变化与博物馆应对"学术研讨会论文集，2017：340-344.

程"平台注册用户数超过 3000 万。

慕课发源于信息技术与高等教育的深度融合,一方面为高等教育带来深刻的"教"与"学"双重革命;另一方面,慕课作为"互联网+"背景下的技术成果,为社会公众进行高等教育以外的教学开辟了新的道路,比如博物馆慕课就是一个很好的应用案例。

2. 慕课与博物馆核心价值

博物馆教育的核心是依托其收藏的人类文化遗产给人们带来灵感和启示,引导人们认知我们所生活的世界,为不同生活背景、不同文化、不同年龄阶段的公众提供终身教育。博物馆的这一教育宗旨与慕课十分相似,都是基于非课堂教育,提倡建构主义学习方法,鼓励学员进行自主学习,以终身教育为教学目标。正如美国博物馆教育员艾琳·布兰汉姆(Erin Branham)指出:"鉴于我们的使命,我们必须利用数字化工具,因为它们会最大限度地帮助我们扩大受众范围,并为公众提供丰富而深刻的学习资源。"可见,将博物馆教育与慕课相结合是提升博物馆教育职能的良好途径。

慕课在线教育平台通过整合全球优质的教育资源并免费提供给公众,在一定程度上促进了教育公平,弥补了教育资源分配不均。对博物馆来说,通过慕课平台将博物馆的教育资源传播到更广泛的受众是提高博物馆教育能力的大好机会。博物馆里展示着人类文明的发展变迁,不同地区的博物馆是了解其地域文化的最好场所,为了让更多受众有机会接触这些人类文化遗产,博物馆采用了多种方式来进行文化传播,如博物馆走进社区、校园、国内外巡展等。但相对于博物馆的教育使命和职能需求来说,其受众的数量还远远不够,慕课平台用户的广泛性和多样性可以让博物馆文化价值得到最广泛的传播。

博物馆界已经意识到在线教育在拓展博物馆教育职能方面的积极作用,尤以欧美的一些大型博物馆为代表,它们已经开始与慕课网站进行合作,推出多种博物馆在线课程。

纽约现代艺术博物馆是首家推出慕课课程的博物馆。2013 年 7 月 29 日,纽约现代艺术博物馆在 Coursera 上推出了名为"艺术和探究:博物馆课堂教学方法"的免费在线课程,该课程主要针对中小学艺术教师的专业发展,指导教师如何在课堂上有效利用博物馆资源进行艺术教育。课程推出后,有来自全球的 17000 多名学员学习了该课程,用户人数远远超出了纽约现代艺术博物馆之前的其他类型的在线课程。2014 年该博物馆又在第一门课程的基础上推出后续课程"艺术与活动:参与艺术的互动策略"。美国自然历史博物馆也于 2014 年在 Coursera 网站推出了针对教育工作者职业发展的"遗传与社会"课程,并计划于同年推出另外两门针对教育工作者的"动态地球"和"进化论"课程。欧洲慕课平台 Future Learn 目前也已经与大英博物馆、大英图书馆等文化机构建立了合作关系,计划推出慕课课程。

同国外博物馆丰富多彩的在线教育内容相比,国内博物馆对于在线教育的反应还处在发展期。国内慕课课程的开发者主要是各类教育机构,如清华大学、北京大学等著名高校及其他教育机构。究其原因,国内博物馆在系统课程的开发及在线教育的应用上均缺少足够的研究和实践,而数字化时代需要博物馆打开围墙的局限,迎接更广泛的观众,需要博物馆树立新的理念、开拓新的平台来实现作为社会教育机构的职能。值得一提的是,一些博物馆、科技馆在线教育中已出现了慕课的身影。2015 年,东莞科技馆推出了"科普慕课学院",截至 2019 年 6 月,科普慕课学院已有历史访问人数 219495 人,注册用户数量达 14778 人。

3. 基于慕课新业态的博物馆教育模式创新

慕课的快速发展进一步证明了在线教育的发展趋势。博物馆教育虽然不同于学校教育,但相对于学校教育,博物馆教育更适合在网络上开展,并且博物馆的慕课业态对创新博物馆教育模式起到了较大的推动作用,惠及更广泛的受众。

(1) 慕课从根本上转变博物馆在线教育的理念和方法

传统的博物馆教育多是在博物馆的展厅、校园或者社区开展的现场教育活动,受众对象文化背景相似,教育内容和形式比较单一。慕课平台上的用户具有不同的年龄、国籍、背景,开发面向如此广泛观众的慕课课程可促使博物馆教育工作者打破固有思维模式,积极探索在线教育方法的创新突破,不再将目标局限于展厅内的观众或是博物馆所在城市、国家的观众,培养文化传播的意识,从博物馆中寻找灵感,找到适合的教学切入点,利用在线教育平台来增进全人类的福祉[1]。

(2) 慕课为博物馆教育传播的模式增添了新的内涵

美国学者大卫·贝罗在 1960 年提出传播过程理论,他认为传播是由多要素组成的动态的结构性信息流动。博物馆教育传播是一个动态的、开放的过程,由博物馆、传播媒介、教育信息和学习者等多要素共同组成(图 3.5)。博物馆教育与慕课教育在"自主学习"的理念上是一致的,只不过慕课为博物馆开展教育提供了一个新的双向传播平台。观众通过一次博物馆的展览之行,在思考的时候或许会产生一些疑问,回去之后结合慕课学习则是有益补充。慕课的学习者通过在线学习对博物馆有了一定的知识积累,并增强了参观博物馆的兴趣,进入博物馆实地参观访问则会跟先前的学习产生共鸣。最后接受到教育的观众与学习者将对于展陈设计或者课程相关的问题反馈给博物馆,博物馆对存在的问题加以调整和改进,推陈出新[2]。

(3) 慕课使博物馆的社会教育更加高效化

根据教育传播学的理论,教育以传播效果为目的,教育最优化希望利用最少的人力物力,达到事半功倍的效果。慕课通过多种教学方式,以短视频为主要形式,每堂课只有几分钟,每堂课介绍一个知识点,博物馆可以选取一件展陈作为切入

---

[1] 徐天竹. 慕课(MOOCs)在博物馆在线教育中的应用[J]. 湖南省博物馆馆刊,2015(11):609-612.
[2] 张弛. 新时代博物馆教育与慕课(MOOC)结合的发展[J]. 自然科学博物馆研究,2019(5):44-49.

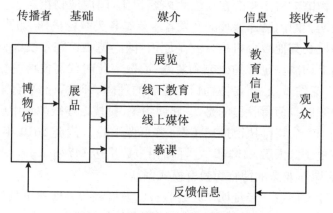

图 3.5　博物馆教育传播系统模型

点,由表及里,最后一个章节形成知识群。衡量教育传播的效果,则需要考量受教育者所接受、理解以及转化为其知识和能力的程度。在课程结束后,学生需完成课程所规定的作业,除了在线试题,进入博物馆实地体验亦可纳入考核体系中。慕课的在线交流讨论对于课程的学习相当有帮助,博物馆从中不仅可以收到学习者对课程的建议,甚至还能收到对展陈的意见。慕课提供成绩认证,每一位注册学生,在参加学习、参与课后讨论、完成课后作业和考试测评之后,可以获得认证证书。一些将慕课纳入教学体系的合作院校之间,所获得的认证证书就作为学分认定或互换的依据。另外,认证证书可以在一定程度上激发学生完成课程的动力,博物馆通过颁发认证证书亦能提高自身影响力。

（4）慕课创设了博物馆基于碎片化与自主互动的学习方式

博物馆慕课课程在内容、类别、形式、时间安排等方面的设计都紧紧围绕短课程的基本设计和运行理念展开。课程有开课的具体时间,但没有严格的结束时间。只要课程内容是科学的、与时俱进的,将永久保存在慕课网站及客户端上。从课程时间安排上看,每节科普课程大致控制在5~15分钟。研究指出,在如今的碎片化阅读时代,学习者"能够保持注意力集中的时间为20分钟以内"。完整的一节课程,被人为地分成几个十分钟左右的小节,符合了"短频快"的互联网信息获取方式。这种喜闻乐见的授课形式和短小精悍的视频,便于学习者随时随地根据需要安排课程的学习。博物馆慕课一改传统的"传播者中心"思路和"填鸭式"学习,通过慕课灵活的教学模式,给予学生更多的选择和自主性。这不仅能够激励更多公众参与课程,还将有利于促进博物馆信息传播从单纯的"普及性质"到全民参与传播的转变[①]。

慕课出现在数字化时代,有其必然的社会意义与应用价值,而博物馆与慕课的结合则是数字化时代中博物馆无法回避的机遇和挑战,促使我们对现有博物馆教

---

① 吴芯茹,张学波. 科普慕课的教育创新及推广策略[J]. 科技传播,2020(2):6-8.

育与传播模式进行反思。在世界越来越扁平化的形式下,在线教育已是公认的教育趋势,博物馆教育应该及时把握这一机会,在数字化时代有所行动,寻求更广泛的发展空间,创造博物馆教育的新时代。

二、展陈形态革新延展

博物馆展陈就是将需要展示的内容,在特定的展示环境中,通过一定的展示方式展览陈列。展陈的方法和手段涉及到多个学科和专业,如环境艺术、景观艺术、装饰艺术、建筑艺术、声学、光学、机电以及传统工艺美术和现代科学技术等,可以说,展陈是一门艺术,也是一种科学。

随着现代数字技术在博物馆展陈中发挥着越来越重要的作用,博物馆展陈不断拓展、升级,丰富了方法和手段,增强了展示的效果,创新了展陈的形态。创新展陈形态,是将传统的方法与手段同现代科学技术紧密结合,将艺术、人文、知识、科技高度融合,并且无限延展。利用数字技术,博物馆的展陈不仅仅可以营造现实与超现实的逼真氛围,对物体、环境、时空等展项元素实施复现、模拟、虚拟、实时演示,甚至可以突破时间与空间的限制,改变传统展览的观展概念,使受众主动、动态地而非被动、静态地接受信息,从而形象、直观、精准而又最佳地表达展览展示内容,达到展陈的完美效果。

这就是数字化时代博物馆"展览科技"的内涵,这其中的"科技"不是内容,是科学方法和技术手段的集合,是在博物馆展陈应用层面上的科技创新。这一理念的推广和应用,改变的将是博物馆的展陈形态,是对传统展览展示的突破:理念的突破——智能化、信息化、数字化、可视化;模式的突破——动态演示、交互、沉浸、体验;形式的突破——仿真、虚拟、无空间束缚。

(一)线上线下新型互动

线上展览并非新鲜事,早在2016年,《"互联网+中华文明"三年行动计划》等政策相继出台,鼓励发展虚拟博物馆,搭建面向应用的陈列展览专题数据库,线上展览成为博物馆数字化服务的"标配"。尤其疫情期间,博物馆加速开发线上展览,已是行业内的共识。一段时期内,博物馆业内甚至已在讨论未来的展览"线上""线下"谁是主流?线上展览,打破了时间和空间限制,为观众提供全天候文化服务。也有博物馆工作人员认为,虽然线上内容与形式丰富,但因线下活动而产生的社交满足感,则会让人更加珍惜线下活动。上海自然博物馆(上海科技馆分馆)就表示,对于自然类博物馆来说,互动在某种程度上就是一种探索,是博物馆学习非常重要的方式。因此,上海自然博物馆不会减少互动活动的规划与设计;反而会在疫情完全结束后,增加多场次的人工讲解。上海博物馆也表示,当疫情渐渐趋于平缓后,在保证安全的前提下,博物馆会尝试恢复人工讲解。诚然,无论是线上展览,还是线下展览都各有特点,没有必要分出优劣,完全可以走出一条博物馆线上线下互动融合的前进道路。

1. 溯源线上线下展览互动新模式

其实,展览线上线下互动的理念很早就在贸易会展中进行了运用。近十几年来,中国会展业发展迅速,从最初的线下传统会展模式逐渐演变成线上线下结合的新型会展模式。其中传统会展,也称为实物展。企业参加传统展会通常需要支付展品运输费、场馆租金、施工费用、人员费用等,使得企业参展营销成本巨大。对于不能到现场的观众,不能亲身了解到展会现场的情况,对于时间和空间的限制比较大。网络展会,即利用网络技术手段,在互联网上举行展览会。网络会展解决了传统会展在时间及空间上无法满足参展者要求的缺陷,帮助传统会展更好、更快地传达信息、开拓市场,实现会展的信息化,成为会展行业中不可替代的重要环节,被誉为"永不落幕的展会",但网络展会对于一些需要触摸、品尝的产品还没有很好的解决方式。

2015年,电商巨头阿里巴巴与亚洲最大展会公司博闻公司签订的战略合作协议,尝试了传统会展与网络会展线上线下互动的O2O2O贸易展览新模式,无疑为传统展会行业注入一针"兴奋剂",通过植入互联网基因,帮助买卖双方提高参展效率。2016年9月19日,为期四天的"第十四届上海国际广告展"和"第十二届上海国际LED展"在上海新国际博览中心盛大开幕。这次在会展上最令人瞩目的莫过于阿里巴巴B2B事业群与亚洲博闻UBM研发的O2O2O商贸平台的首次亮相。O2O2O商贸平台旨在打通"线上精准匹配-线下见面洽谈-线上达成交易"的会展行业新模式。展会前,参展双方可按照各自需求通过O2O2O商贸平台提前实现精准匹配。展会中,平台可以为买卖双方预约会见的时间和场地,创造更多面对面交流的机会。对于达成合作意向的参展双方,O2O2O商贸平台还将扮演交易平台的角色,提供交易服务。可以说,阿里巴巴与UBM的组合以一个全新的模式体现了互联网在传统会展业中的运用①。

2. 线上线下展览互动在博物馆中的运用

会展行业中线上线下展览互动方式的不断完善和普及,给博物馆行业也带来了新的办展思路。2017年9月25日,中共中央总书记、国家主席、中央军委主席习近平在北京展览馆参观"砥砺奋进的五年"大型成就展。当天,央视网承办的"砥砺奋进的五年"大型成就展网上展馆也正式上线,与同名实体展同步开馆。网上展馆通过线上数字展馆与线下特色体验馆两个部分的巧妙结合与互动,全面展示十八大以来,全党全国各族人民取得的成就、发生的巨变,鼓舞人们满怀信心地迎接十九大的召开。

线上展馆体现了互联网开放、共享、多媒体呈现的特点,除了数字化呈现实体展的全部内容,还突破实体展的时空局限性,利用图文、视频、三维模型等深度资

---

① 张丽,陈炬伊,章昕晨,等.线上线下贸易展览新模式研究:以阿里巴巴和UBM合作为例[J].江苏商论,2017(5):50-52.

料，对重点展品进行延展和补充，加强了可视化的网络互动体验，使得展览内容更丰富和多样。网上展馆解说词的制作采用了先进的语音合成技术，全部由电脑和软件来完成制作，观众在浏览网上展馆时，可以根据自己的需要开启或关闭解说。同时，网上展馆支持多种终端和设备，只要扫描印制在成就展门票、邀请函、纸袋和现场引导牌等处的二维码，就能通过手机等移动终端顺利打开，极大地方便了观展人群。网上展馆开设献花和留言专区，让观众"观展体验有话说、五年获得感有地晒"。

线下互动馆则是紧紧围绕成就展展示的丰富内容，以沉浸式漫游体验、投票合影体验、语音留言、VR看网上展、自主漫游体验五个项目，使观众在互动中感受成就，抒发获得感和自豪感。在沉浸式漫游体验区，画面呈现一片花海，每朵花蕴含着一段央视的精彩节目，观众通过互动控制，自行选择为选定的花朵进行浇水，浇水后，花苞开放，吐出光盘，播放特定的视频内容，观众将赢得互动勋章，同时还可以选择扫二维码，将收获分享到朋友圈。在投票合影体验区，观众可对参观过的"成就展"十个展区进行投票，可与自己喜爱的展区合影留念，打印成照片或微信分享电子照片。在弹幕语音留言体验中，观众留言可自动转换成文字显示在展区大屏幕上，形成醒目的留言弹幕，汇聚观众的现场参观感受，同时，整个实体展还在第二展区的主通道东西两侧，也设置了观众语音留言区，方便观众发表参观的感受。观众留下的所有观展留言，还将返回到网上展馆进行集中展示。VR看网上展体验区接入360°全景网上展馆内容，体验者通过VR眼镜游览数字展馆。此体验方式视角新奇，过程轻松，可以避免拥挤，降低干扰，现场体验网上展馆的数字化展览方式。自主漫游体验区由央视记者卡通形象引导观众进行漫游，观众通过操控平衡车，从空中、路面和海底隧道进行多角度游览，在港珠澳大桥尚未竣工开通前，可以提前给予观众游览的体验，激发观展兴趣。

通过线上线下的贯通互动，"砥砺奋进的五年"大型成就展网上展馆既能满足广大群众不能亲临实地观展的需求，又能让看过展览的观众点击网上展馆重温精彩内容，体验国家五年来的辉煌建设成就，获得沉浸式、漫游式的情境体验，打造一个足不出户、永不落幕的数字化网上展览。

3. 线上线下互动再造展览新业态

除了线上线下展览的勾连互动，随着数字技术的发展，线上展览将以另一种形态颠覆观众的对展览的认识。

借着2020年"金边日食"的新鲜劲儿，上海天文馆（上海科技馆分馆）推出了"日月魅影：日食特展"，观众可在一分钟内"打卡"日全食、日偏食、日环食三种类型的日食。有意思的是，这一线上线下同步推出的原创科普展览，其线上内容的丰富和精彩程度远远超过了线下，完全是另一种玩法，这在上海科技馆开馆办展19年来尚属首次。

图 3.6 上海科技馆"日月魅影"展览海报

"日月魅影"线上展不再是线下展的"附属品",而是通过再造空间,用玩游戏的方式"寻宝"观展。进入线上虚拟空间后,拾级而上,从拱形门洞穿过,观众就来到了"日月魅影"线上展的展馆序厅。从进门开始,这个线上展的"画风"就与众不同:如果说以前线上观展是机械地用鼠标点击的话,那么现在观众有了真实游览的实际感受。用第一人称视角在"馆"内行走,各种介绍日食的展板一一"挂"在墙上,观众想看哪一幅,朝画框上点击一下,展板内容便呈现在眼前。除了从世界各地收集来的日食照片,还有多部影片可供欣赏。此外,在"日月魅影"线上展中,不难发现《神庙逃亡》《刺客信条》这些游戏的影子。这不是凑巧,而是设计团队有意将游戏元素引入了虚拟空间的线上展览:走进一片断壁残垣,观众需要把四散的石碑收集起来,当观众不小心碰触了屏幕,石碑上的灰尘便由此剥落,露出被岁月掩盖的古人留下的日食记载。

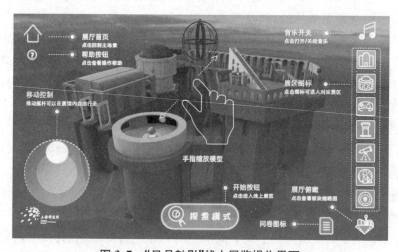

图 3.7 "日月魅影"线上展览操作界面

图 3.8 "日月魅影"线上展厅

线上展不仅解决了大体量展示与现场物理空间有限的矛盾,而且通过线上线下联动赋予了展览更多的文化内涵。未来的线上展将不再是线下展的"拷贝",而是更多体现互联网技术,许多线下展做不到的事由它来补充,而且做得更好。随着越来越多数字技术应用于展览展示,线上线下展互为补充、交相辉映,多维度丰富观众的观展体验,将是未来科普展示一种新颖的发展趋势。

(二) AI 博物馆智慧展陈模式

近年来,世界各国纷纷将人工智能列为国家重要发展战略,AI 也成为各界的研究热点。谷歌发布"谷歌大脑"计划,百度推出"百度大脑"计划,微软成立人工智能研究院。2012 年英国就把人工智能列为国家八大重点发展技术之一,2015 年日本发布《机器人战略》,2016 年美国发布《为人工智能的未来做好准备》和《国家人工智能研发战略规划》两份重要报告,英国也发布了《人工智能:未来决策制定的机遇和影响》[1]。2017 年 3 月,人工智能首次被写入我国政府工作报告。截至 2018 年,国家密集发布了多项关于人工智能的政策,可见人工智能已成为引领科技发展的重要驱动力,政府将人工智能上升到国家战略高度。

表 3.1 人工智能政策汇总

时间	政策文件名称	发布机构	目的
2015 年 5 月	《中国制造 2025》	国务院	基于信息物理系统的智能装备、智能工厂等智能制造正在引领制造方式变革,我国制造业转型升级、创新发展迎来重大机遇

---

[1] 李姣.智慧博物馆与 AI 博物馆:人工智能时代博物馆发展新机遇[J].博物院,2019(4):67-74.

续表

时间	政策文件名称	发布机构	目的
2015年7月	《关于积极推进"互联网+"行动的指导意见》	国务院	明确了推进"互联网+"人工智能,依托互联网平台,提供人工智能公共创新服务;将人工智能列为11项重点行动之一
2016年3月	《中华人民共和国国民经济和社会发展第十三个五年规划纲要》	十二届全国人大四次会议通过	加快信息网络新技术开发应用,重点突破大数据和云计算关键技术……新兴领域人工智能技术;人工智能写入"十三五"规划纲要
2016年4月	《机器人产业发展规划(2016~2020年)》	工业和信息化部、国家发展和改革委员会、财政部	推进我国机器人产业快速、健康、可持续发展
2016年5月	《"互联网+"人工智能三年行动实施方案》	国家发展和改革委员会、科技部、工业和信息化部、中央网信	充分发挥人工智能技术创新的引领作用,支撑各行业领域"互联网+"创业创新、培育经济发展新动能;到2018年,打造人工智能基础资源与创新平台,人工智能产业体系基本建立
2016年7月	《"十三五"国家科技创新规划》	国务院	发展新一代信息技术,其中在人工智能方面,重点发展大数据驱动的类人智能技术方法,在基于大数据分析的类人智能方面取得重要突破
2016年9月	《智能硬件产业创新发展专项行动(2016~2018年)》	工业和信息化部、国家发展和改革委员会	重点发展智能穿戴设备、智能车载设备、智能医疗健康设备、智能服务机器人、工业级智能硬件设备等
2016年11月	《"十三五"国家战略性新兴产业发展规划》	国务院	发展人工智能,培育人工智能产业生态,推动人工智能技术向各行业全面融合渗透

续表

时间	政策文件名称	发布机构	目的
2017年3月	2017年政府工作报告	国务院	"人工智能"首次被写入全国政府工作报告
2017年7月	《新一代人工智能发展规划》	国务院	确定新一代人工智能发展三步走战略目标,人工智能上升为国家战略层面
2017年10月	十九大报告	中国共产党第十九次全国代表大会	人工智能写入十九大报告,将推动互联网、大数据、人工智能和实体经济深度融合
2017年11月	《关于深化"互联网+先进制造业"发展工业互联网的指导意见》	国务院	打造人、机、物全面互联的新型网络基础设施,形成智能化发展的新兴业态和应用模式
2017年12月	《促进新一代人工智能产业发展三年行动计划(2018~2020年)》	工业和信息化部	为贯彻落实《中国制造2025》和《新一代人工智能发展规划》,加快人工智能产业发展,推动人工智能和实体经济深度融合
2018年3月	2018年政府工作报告	国务院	人工智能再次被列入政府工作报告:加强新一代人工智能研发应用;在医疗、养老、教育、文化、体育等多领域推进"互联网+";发展智能产业,拓展智能生活

对于博物馆行业来说,从2016年起,人工智能技术已在博物馆空间迅猛发展。英国泰特美术馆提出用人工智能技术探索数字技术在艺术作品上的应用。Google Arts & Culture 旗下的 Pocket Gallery 虚拟博物馆,通过与世界各大博物馆合作,利用 AI 技术还原了全世界上千座博物馆的作品。2018年5月18日的国际博物馆日,国家文物局与百度公司联合启动"AI博物馆计划",提出了"智慧博物馆""博物馆3.0的概念",旨在用人工智能技术从数字化管理、数字化服务与数字化体验三大领域给博物馆带来全新升级。

1. 博物馆 AI 研究什么?

英国机器人专家凯文·沃维克在《人工智能》一书中根据涵盖的学科将 AI 分为:计算机视觉,包括模式识别、图像处理等;自然语言处理,包括语音识别、合成以及语音对话;认知与推理,包括各种物理和社会常识;机器人学,包括各种机械控制、设计、运动规划和任务规划等;博弈伦理,包含多代理人的交互、对抗和合作、机器人与社会融合等议题;机器学习,包含各种统计的建模、分析工具和计算方法。AI与其他领域相结合,呈现出诸如工业4.0、智能家居、无人驾驶、智能监控、智能医疗等"人工智能+应用场景"发展形态。AI在博物馆的应用包括展陈设计表达、自然语言处理、模式识别、机器学习、智能检索和机器人等在文物展示、藏品管理、导览服务、游客管理、文物鉴定、文物保护修复、博物馆自动化等方面的应用。总体来说,大数据驱动下的人工智能技术助力博物馆藏品管理、展陈服务以及展览设计研发已成为热点研究问题,新技术正在加速催生博物馆文化体验的革新。

2. AI博物馆的展陈模式创新

AI博物馆突破了传统博物馆以展品为中心的展陈模式,转变为"以人为本"的展陈模式,将提升观众的体验感、参与感作为展陈设计初衷。AI博物馆不仅利用视、听、触、嗅等多通道的交互模式带给体验者创新的交互体验,还借助感知设备、互联网、物联网以及大数据,实现馆内流量监控以及展品、展厅内设备的智能化控制,从而优化观众游览路径与信息获取方式,建立观众与展品的智慧化互动关系。

(1)观展导览智能化

通常,博物馆的展厅中都会设定固定的展览序列,以一定的观展顺序安排展示空间。展陈序列虽比较严谨,但是对当前博物馆的展示来说,较多的信息量使观展者在观展过程中无法快速地发现最感兴趣的展示区域。通过人工智能技术的人脸识别及语音识别技术,检测并分析人物特征,为每一位观展者智能化定制空间导览;再以人工智能的语音识别、认知模拟及理性思考,可实现观展者与展示空间的实时语音交流[1]。智能化导览可以通过多种方式实现,比如微信小程序或者博物馆APP,通过获取大量的用户观展数据,以实现博物馆与用户之间的一体化综合导览。例如,故宫推出的"掌上故宫"APP便整合了故宫全景图和游览线路推荐,可以根据观展者的兴趣帮助规划观展路线,提供一定的自助服务。

(2)展陈展品数字化

智慧博物馆对现有展示资源进行数字化后,可以进行三维动画等数字设计,让展陈以生动、逼真的数字形态,呈现在形式多样的数字媒体上,并辅以体感交互功能及人工智能,让展品随着观众的动作而变化,实现智慧展陈。这种展陈方式让观众从"被动参观"变为"主动参与",更好地理解文物的内涵和价值,留下深刻的观展印象。

数字化互动展陈如何实现?不同的AI博物馆有不同的尝试。有的博物馆把展柜设计为触摸屏,例如甘肃省博物馆使用了透明的液晶触摸膜展柜,将文物的使用场景制作成三维动画,呈现在文物右侧。观众既可以欣赏实体文物,又可以通过

---

[1] 陈明,郑曦阳.人工智能在博物馆展陈设计中的应用探讨[J].工业设计,2020(2):114-115.

触摸透明液晶膜展柜,欣赏逼真的文物三维动画,充分调动了观众的观展兴趣[①]。也有博物馆引入了"数字魔墙",即大型数字化可视界面。上海科技馆的"院士长廊"魔墙由35块55英寸的高清屏幕构成。观众可以通过点击、滑动、放大、缩小等方式浏览感兴趣的院士相关信息,还可以进行点赞、下载信息到手机等操作。故宫博物院则将一座传统建筑,设计为整体的数字展厅——端门数字馆。馆中没有一件实体文物,完全依托大型高沉浸式投影屏幕、可触摸高清屏等各类数字媒体,进行数字化陈列展示,同时通过语音图像识别、体感捕捉、人工智能等多种先进技术,让观众得以全方位鉴赏质地脆弱、无法展出的珍贵文物,走进3D复原的乾隆书房三希堂,还能"试穿"清朝华服,与朝中重臣自由"对话",让观众获得了比参观实物展品更新奇、更有趣的体验。

图3.9 上海科技馆的"院士长廊"

(3) 观众行为展示化

博物馆展示内容的创新是展陈设计的另一个突破点。通过人工智能对观展者的智能外观识别、行为分析、语音分析,将展示的内容以不同的形式和深度传递给不同的观展者。在这过程中,对观者的信息采集和博物馆展示内容与观者的匹配是将内容定制化的关键。人工智能应用下的博物馆能够将展示空间作为一个高度自由化的平台,通过人机互动实现观者所期望看到的展示内容,并以动态化的形式向观者传达,能够让观者在参观过程中具有更高的参与度和互动性[②]。上海科技馆在规划新的地球家园展厅时,尝试将观众参观行为、体验过程作为展品的识别与互动元素,以打造核心智能展示。地球家园展区中的核心展项万物互联,将与展厅中所有小型展项互联互通,借助AI技术实时计算观众的操作行为,并将结果反馈给该展项的核心——数字地球进行最终内容的呈现。展项通过观众行为识别的方式,模拟观众个人选择对自然环境影响的作用,引发观众对保护环境的思考。

当前各博物馆都在通过对整体观展形式的改变寻找创新点,但因为技术的限

[①] 杜静宜. 智慧博物馆的展陈模式创新探讨[J]. 大众文艺,2020(9):52-53.
[②] 陈明,郑曦阳. 人工智能在博物馆展陈设计中的应用探讨[J]. 工业设计,2020(2):114-115.

制和传统博物馆运营模式的禁锢,难以在短时期实现质的改变。而 AI 与博物馆融合,用人工智能技术将传统展示形式智能化、数字化、多样化,是解决以上问题的一个突破点。通过应用人工智能技术以更加智能化的方式提升观展者的体验,从而革新展陈形式,或许是未来博物馆业态发展的一个重要转机。

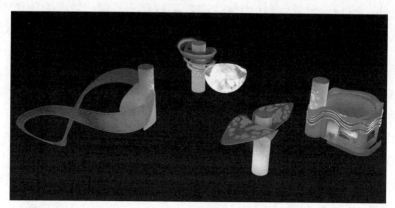

图 3.10　上海科技馆地球家园展厅概念图

（三）数字化的"镇馆之宝"

全世界的很多博物馆中,都有一两件被称为"镇馆之宝"的展品或藏品。它们是所在国家以及博物馆的骄傲,其历史、艺术或科学价值,足以代表社会发展过程中的重要性。法国卢浮宫中达·芬奇的《蒙娜丽莎》、荷兰国家博物馆中伦勃朗的《夜巡》、荷兰海牙皇家美术馆中维米尔的《戴珍珠耳环的少女》、德国柏林新博物馆中的《埃及王后纳芙蒂蒂的头像》、美国芝加哥菲尔德自然史博物馆中的世界上最大的霸王龙骨骼、菲律宾自然历史博物馆中吉尼斯世界纪录中的最大的鳄鱼标本、中国国家博物馆中商代的司母戊鼎,如此等等,都是公认的与之相应的所在馆中的镇馆之宝。

1. 镇馆之宝的属性特征

传统意义上的镇馆之宝都有哪些特征呢？唯一性、独特性、稀缺性、重要性及不可替代性是其重要的标志,必须在历史中、在学术上能够表现其独特的价值。唯一性是比较容易确认"镇馆之宝"的标准之一,比如在自然历史博物馆中最大的恐龙、最大的鳄鱼等,这都是同类藏品或博物馆界难以企及的,而公众对于之"最"的兴趣往往也是其吸引人的关键。独特性是镇馆之宝的基本要求,表现在有着不同于其他的历史和文化内涵,同一类别、材质等等在比较中表现出鹤立鸡群的品质。稀缺性往往表现在制作工艺或材质用料等方面,其珍稀的程度是关键。重要性往往关联着学术性,或表现在历史中的不可或缺,见证历史而具有特殊的意义,或是科学发展过程中的重要环节,或是著名人物的代表作。至于不可替代性,则是指历史价值或成就成果是其他无法替代的。显然,博物馆的"镇馆之宝"所反映出的社会对它的认同,有着丰富的学术含量、重要的艺术价值、突出的历史地位[①]。

2. 数字化的镇馆之宝

随着博物馆数字化进程的不断深入,博物馆在打造数字展陈的同时,也在尝试创新数字化的"镇馆之宝"。毫无疑问,无论是传统意义上的镇馆之宝,还是数字化的镇馆之宝,首先要能形成公众的共识;其次,要能镇得住。而这之中形成共识是最难的,考验的是镇馆之宝能否代表博物馆最重要的精彩来涵盖其所有,考验的是镇馆之宝所传达的价值能否代表场馆的立馆理念。

2010年上海世博会期间,"动态版"的《清明上河图》被誉为中国馆的"镇馆之宝"。这幅"动态版"《清明上河图》画卷长128米,宽6.5米,经过数字技术处理后,《清明上河图》里的人和动物都像被吹了仙气般"复活"了。只见荧幕上疏林薄雾,两个脚夫赶着驮炭的毛驴,缓缓步向城门;虹桥上已是一片嘈杂,来来往往的行人中,有商贾,有百工,也有官宦;太阳升起,不仅能听到生意人的吆喝,还有船工的号子声;这边一行轿夫抬着主人上集市,那边是西域回来的商人牵着一队骆驼进城……整幅图中出现的人物都惟妙惟肖,趣味盎然,白天出现的人物达691名,夜晚出现的人物有377名,展现出宋代开封一派繁华的昼夜景象。"动态版"《清明上河图》不仅在展陈效果上给予观众全新的视觉体验,更重要的是与世博会"城市让生活更美好"的主题紧密结合,造就了其核心展陈地位,成为了2010年上海世博会期间令人印象深刻的展出之一。

不难发现,每一件属于"镇馆之宝"的那个宝都有其不同于一般的历史与社会价值,所以有人说博物馆背靠文化底蕴,打造数字化的镇馆之宝不是难事,那么自然科学类博物馆能否通过创新来创作属于它们的数字化镇馆之宝呢?

位于东京的日本科学未来馆给了我们很好的启示。日本科学未来馆的宗旨是通过各领域的尖端科技这一人类知性活动,使科技成为丰富我们生活的文化,并为社会全体成员所共享。展馆中最为核心的镇馆之宝"Geo-Cosmos"很好地诠释了展馆的展示理念。在"与地球相连"展区,公众可以通过最尖端的技术和数据,感受并理解连接地球上所有生命与环境的"纽带"。这既是地球生态系统中各种各样生命之间的"纽带",也是在地球46亿年的漫长岁月中诞生的人类与地球之间的"纽带",而Geo-Cosmos成为了这个"纽带"的中枢。Geo-Cosmos是一个直径为6.5米、表面镶嵌1000万像素以上的高分辨率LED的球体显示器,悬挂在6楼高空,根据卫星数据等可模拟地球、月球、各类行星等的形态,还可显示全球海面温度、全球转暖模拟实验等,目的是与更多的人共同分享从宇宙看到的美丽地球,在潜移默化中传达科技的进步,能让人们更好地认识我们的星球,了解我们的文化发展与文明传承。

3. 数字化镇馆之宝改变传统策展理念

与传统镇馆之宝相比,数字化的镇馆之宝不仅填补了这个新领域的空白,甚至

[①] 陈履生.世界著名博物馆"镇馆之宝"是怎么诞生的[J].风流一代,2019(8):46-47.

在某些方面有其独特的优势。借助新技术的发展与应用,数字化的镇馆之宝无论是在策展应用层面、观展时空限制,还是展陈传播效应方面都存在着超越本体的可能性。

2016年,莫奈逝世90周年之际,知名艺展品牌一汽丰田全新CROWN皇冠"印象莫奈:时光映迹艺术展"继在韩国、日本多地展出后,被引入中国,开启中国莫奈展巡展之旅。该展览利用世界最前沿的数字成像技术动态展现了400多幅散落于世界各大博物馆和收藏家手中的莫奈名作,被誉为"全球最大的莫奈作品展""一座流动的莫奈博物馆"。

"印象莫奈:时光映迹艺术展"展馆面积约为1800平方米,共有8大主题馆。5个莫奈生平主题展区,展现莫奈生平各个时期的经典画作。3个特别主题展区,围绕莫奈的妻子卡米尔、鲁昂大教堂和睡莲系列画作进行展示。通过这些主题,观众可以了解到莫奈绘画生涯的起步,到结识美术巨匠们和人生伴侣卡米尔的过程,甚至见证莫奈每一个时期创作不同画风的作品系列。400多幅莫奈名作画面通过高清晰的巨幅影像呈现出流动的观赏效果,通过展览中动静态画面交替,展示了莫奈创作背后的情感与故事。这是一次迥异于传统观展模式的"艺术之旅",打破画框对于作品的束缚,置身熠熠光影之中,看莫奈生前生活场景及其作品画面的联动组合,身临其境地感受印象主义大师的艺术与人生。

"印象莫奈:时光映迹·艺术展"作为艺术文化展,一改以往西方几幅真迹层面单一展示的艺术展,而是让大众更为深入地了解到一个更为立体的莫奈大师与其人生历程,走进莫奈的内心创作世界。它改变了真迹本身鉴赏曲高和寡的展出形式,通过多媒体技术提供更生动的互动形式来服务大众,真正实现让艺术作品"触手可及",进而拉近艺术展与大众家庭的距离。"印象莫奈"无论在话题性、热度、参与人数和业界反响都堪称盛况空前,观展人数突破40万,单日最高6000人次,成为2016年的文化艺术盛事。

作为数字化转型之作,"印象莫奈"对比莫奈的原作,成功在何处呢?

(1) 数量级展示

"印象莫奈:时光映迹艺术展"打造数量级莫奈展,突破传统画展只能展出寥寥数幅大师之作的限制,以数字化多媒体形式展出400多幅莫奈名作。莫奈展分为八个主题馆展现莫奈的一生。除了八大展区,还将通过虚实结合的手段,以平行3D的形式重现莫奈打理将近40年的私人花园——诺曼底园,以技术重现莫奈的系列绘画中享有盛名的《鲁昂大教堂》。

(2) 多媒体感映

印象派的绘画特点是对光线和色彩的揣摩达到了色彩和光感美的极致。"印象莫奈:时光映迹艺术展"利用多媒体、灯光、音效以及多重搭建的布展方式,将莫奈作品以流动的形式展现出来,正好能将印象派作品的特点放大,让每一幅画作的细腻笔触都能通过震撼的大屏纤毫呈现,画面跃然而出,画作的色彩会更加饱满,光感美会更加梦幻。例如《睡莲》名作,可以看到莲花的开合以及湖水的涟漪。

博物馆藏品、展品数字化已成为业内共识,越来越多的大师级展览使用了数字化虚拟展览的形式,打造数字化的"镇馆之宝"绝不是一时兴起、哗众取宠,随着数字化社会进程的不断深入、进化,展览形态必定会迎来新的发展阶段。

(四)新技术让藏品"活"起来

不可否认,数字技术的创新与发展已主导着我国文化产业发展的走向,推动着文化产业转型升级,大大拓展了文化产业的发展空间。高清数字三维采集技术还原历史遗迹,VR、AR 等先进展陈技术让参观者身临其境,数字馆藏文物打造全新文化 IP 等,都体现了"以科技为骨、以文化为翼"的发展理念。

新技术的应用让博物馆藏品"活起来"成为了热门话题。有些人认为,博物馆藏品只是一件件物质实体,即便是动植物标本,也都是失去了生命的物件。有些人认为,"活起来"就是动起来,可以利用各种或机械或影视或虚拟的手法,让那些无法自主动起来的物件呈现动的状态。应该说,动起来只是"活起来"的表象,真正的"活起来"是要让藏品与观众的生活发生交集,对观众的自我发展发挥积极的作用,让藏品在观众的生命长河中获得新的生命力[①]。

中国文物学会会长、故宫博物院学术委员会主任单霁翔在《"AI+文化"——让文化遗产资源"活起来"》的主题演讲中说到,故宫博物院 2019 年全年接待观众累计达到 1933 多万人次,但是接待再多的观众,来故宫参观的人数仍然是全球人口很少的一部分。如何传播故宫博物院文化?通过互联网技术、通过数字技术来实现,因此故宫博物院建立了数字故宫社区。

单霁翔表示,今天人们在家里也可以看到一个全景故宫,一个震撼的故宫。"数字故宫"甚至更强大。比如养心殿 2019 年在修缮,人们走不进去,但是观众可以走进"数字养心殿",坐在皇帝的宝座上自己批批奏折,自己盖个印,机器还会告诉你,你批得好还是皇帝批得好。你还可以跟大臣互动,大臣们都特别会聊天,每个大臣都会说 500 多句话,你说什么都会给你积极地应答,叫你心花怒放。在故宫博物院推出的"故宫社区",人们不断地访问网站、参与线上活动,就可以获得积分。观众获得积分以后,博物院会慷慨地在"紫禁城"里送他一块"地",越来越多的人就会在数字故宫社区里抢地盖房子。可见,故宫借助数字技术,把历史和文化植入公众的生活之中,与观众交互、对话,这就是让藏品活起来的最典型的案例。藏品不只是会"动",而是走进了人们的生活,"活"出它的历史价值。

那么博物馆馆藏的各类藏品实物,如何与相关的各类数字化内容建立关联?随着人工智能助力文化体验在博物馆领域的应用日趋成熟,博物馆借助新技术手段对展陈设计与交互方式均进行改造升级,打破了传统观展以看为主的单一模式。通过 VR、AR、MR 等目前最新的"沉浸式"媒体技术搭建现实与虚拟的桥梁,让观

---

① 宋向光.感受藏品的温度 让藏品"活起来"[N].中国文物报,2014-08-05(6).

众穿越到虚拟世界,实现与博物馆文化进行零距离接触。AR意为增强现实技术。这项技术将虚拟信息叠加到实物上,通过手机、平板电脑等移动终端设备呈现或投射出来,增强视觉效果和互动体验感。博物馆通过AR技术,可以让观众通过手机看到展品的复原面貌,观赏到暂时无法展出的珍品,还可以玩AR小游戏。例如大英博物馆就曾推出过一款有趣的AR益智游戏"献给雅典娜的礼物",观众用手机扫一扫特定的展品,收集信息来解决谜题进行闯关,在此过程中获取展品的知识,让观展变得更有意义。VR意为虚拟现实技术。VR技术创造了一个三维的虚拟世界,让人们通过VR工具,感受视觉、听觉、触觉的多重刺激,沉浸在逼真的虚拟世界中。通过VR技术,博物馆可以向观众再现历史场景,还可以"复活"展品与观众互动。例如西班牙国家考古博物馆在建馆150周年之际,曾开发了一款VR展项,观众穿戴上VR设备,就可以沉浸在罗马帝国时期的西班牙城市广场、阿拉伯统治时期的集市、黄金时代的住宅等不同时期的西班牙历史场景中。MR是将虚拟画面和现实场景融合在一起,生成全新场景,让实物和虚拟画面实时共存,实时互动,带来身临其境的真实感。博物馆通过MR技术,实现实体展品与虚拟画面的虚实融合与互动,帮助观众理解文物背后的故事,体验新颖的交互式观展模式。例如重庆中国三峡博物馆曾推出过MR版《增广重庆地舆全图》,观众佩戴上全息设备,观看《增广重庆地舆全图》,就会发现实物展品上"长"出了立体的虚拟影像,观众可以跟随着影像中清朝装扮的动画人物小渝,游览清朝时重庆的城门、街巷、码头,感受文物遗留的珍贵历史文化[①]。

　　国内很多博物馆虽然馆藏资源丰富,但大部分藏品的陈列展览方式都过于常态化,无法适应不同年龄段、不同品位的观众需求。未来,博物馆只有将藏品定位、内容表述、视觉效果呈现、功能实现等因素有机结合,寻找与数字科技的最佳契合点,才能得到持续性的应用与发展,这也是新时代众多博物馆展览业态发展的目标之一。

---

① 杜静宜.智慧博物馆的展陈模式创新探讨[J].大众文艺,2020(9):52-53.

第四章 数字化时代博物馆核心竞争力的体现

第一节 数字开拓创新策源

在谈数字技术创新策源前,我们先来了解一下数字化转型和数字化创新两种不同的活动概念。这是两种不同的企业活动,从理念、应用、技术、方法等方面都存在较大区别。近年来,社会行业对数字化的需求越来越旺盛,管理者们开始逐渐了解各种新兴的数字化技术,例如云、移动应用、大数据、人工智能、微服务等,以及接受数字化的产品管理、组织变革的思想,不少企事业成立了数字化部门,设立了数字化的岗位等。

然而,企业的数字化进程远远不止于新技术的应用,还有组织再造和运营模式创新的过程。在实际推进中,很多企业对于核心业务数字化和利用数字化进行价值创新这两个数字化举措,如何分别推进存在困惑(表4.1)。其实,"数字化转型"和"数字化创新"是两种不同的企业活动,应该由不同的组织体系来承载,采取不同的管理方法。

表 4.1 数字化转型与数字化创新对比

	数字化转型	数字化创新
内容	核心业务数字化	和核心业务并不直接相关
形态	从手工人力、信息孤岛,到数据驱动、无缝衔接	创造新的业务或价值
形式	企业数字化应用	新业务的数字化产品
挑战	组织和文化的变革	全流程再造
风险	中等	高
技术	企业级数字化平台与传统核心系统集成	轻量级架构并不强调与核心系统集成

数字化转型(digital transformation)可以看作信息化的升级版。数字化转型

基本假设企业的核心业务并不发生实质性变化,只是客户交互更个性化、产品开发更市场化、供应链更柔性化、线性价值链变成网络状的价值生态等。互联网时代的新兴企业,作为零售企业的阿里巴巴、作为汽车厂的特斯拉、提供互联网保险服务的众安保险等,它们都是原生的数字化公司,都具备业务运营完全数字化的特点。对于面临着原生数字化公司竞争的传统企业,需要思考如何运用数字化手段来改造运营,建立新型的业务生态。

而数字化创新(digital innovation)则是企业在与当前核心业务及既有运营模式有较少相关性的领域上找到全新的运营模式,它不是一项改造性工作,而是从无到有的一项创造性工作。

企业数字化转型的目标是利用数字化技术"做个系统"或"做个流程",可以衡量直接的投入产出,例如流程效率、成本、转化率等,一般来说,转型一旦失败需要承担很大风险;而数字化创新则是通过"做个数字化产品"来"做个品牌"。在哲学意味上,创新意味着可能失败,而且失败的风险几率还很大。可是,很多企业管理者还没有意识到,或者不愿意直面创新意味着可能失败的现实。

在数字化时代,博物馆要创新发展,就要形成数字化转型和数字化创新的双轨制。不仅要在传统业务上具备数字化运营的能力,还要利用数字技术的发展红利,开拓业务创新策划,形成相当的博物馆数字化资源及数字化产品。当一项数字化产品增长到一定规模,与博物馆核心业务的数字化转型相结合,产生化学反应,改变、颠覆了核心业务的传统假设,进入新状态,我们则可以称之为数字化重铸。

一、从内容创新到内容重铸

纵观世界范围内,数字技术在文化领域的大范围应用可以追溯到 20 世纪 90 年代。1990 年美国国会图书馆成功开启美国数字图书馆时代;1992 年联合国教科文组织发起的"世界记忆"工程将数字技术带入到全球文化遗产的保护工作之中;1995 年,包括美国博物馆、法国卢浮宫在内的多家欧美博物馆着手开展数字化存储项目等工程,数字技术的运用范围愈加广阔。1998 年美国副总统戈尔提出"数字地球:理解 21 世纪我们所居住的星球",将数字技术的运用扩展到更加广阔的领域。距今为止,国内的博物馆数字化也已走过 20 多个春秋,在各类新兴技术层出不穷的今天,线上博物馆、数字博物馆、虚拟博物馆、智慧博物馆、掌上博物馆等概念各异的博物馆出现在社会公众眼中。那么,在这博物馆数字化发展的进程中,数字化是如何促进博物馆文化创新策源的呢?

(一)创造线上博物馆新形态

中国的博物馆数字化浪潮肇始于 1998 年 8 月河南博物院成立自己的互联网网站。随后,伴随着互联网技术的发展,越来越多的博物馆都开始成立互联网网站,"博物馆上网"让网民们可以在网上浏览博物馆。在这之后,"博物馆网站"的遍地开花使得部分博物馆开始探索馆内藏品的数字化发展。而藏品作为博物馆的核心,在过去,长期以手工填写纸本总账、编目卡、档案登记表等方法开展管理工作,我国数量众多的博物馆藏品使得这项工作需要耗费大量人力物力。于是,河南博物院、上海博物馆等单体博物馆率先开展起我国的藏品数字化处理工作。1999年北京市文物局独立开发的藏品管理系统供全市多家博物馆共同使用。文物行政部门首次开展的地区性博物馆数字化工作让博物馆数字化的浪潮更加汹涌。2001年,中国国家文物局开始我国的"文物调查及数据库管理系统建设"项目,至此,全国统一性的博物馆数字化工作使得单体博物馆"各行其是"的局面结束。

在藏品数字化深入发展之后,楼宇自动化、办公自动化等项目都逐步被纳入博物馆数字化的历程中。在当代,展览展示技术、文物保护修复技术、博物馆管理技术、博物馆教育技术的多方技术变革都对博物馆运营造成了巨大影响,也涌现出不同概念的数字化博物馆。

1. 虚拟博物馆

虚拟博物馆,顾名思义是利用虚拟图像、影像来开展观展导览用的博物馆。它是利用三维虚拟技术结合虚拟仿真技术制作而成,不受时间和地域的限制。除了博物馆网站外,虚拟博物馆是大部分数字博物馆发展的最初原型。随着虚拟仿真技术和VR虚拟现实技术的不断提高,博物馆的展览现场可以在电脑画面上得到100%的还原体现,甚至文物中的细小裂痕和年代特征都会被设备所捕捉。将博物馆中的藏品"搬入"家庭已经不再是想象。

法国卢浮宫是第一家把藏品搬上虚拟展厅的博物馆。早在2004年,卢浮宫就把3.5万件馆内公开展示的藏品以及13万件库藏绘画放到网站上,并提供法语、英语、西班牙语和日语4种版本的3D虚拟参观项目。用户只需进入卢浮宫的官方网页,便能在家里完成一次3D虚拟参观。建立虚拟展馆后,卢浮宫网站的访问人数持续增加。推出当年,网上浏览人数已与实际进入卢浮宫参观的游客人数持平,达到600万。2012年,卢浮宫网站的浏览量突破1100万人次,比当年卢浮宫接待的游客人数多100万。在新冠疫情期间,全球多家知名博物馆都开设了网上虚拟博物馆项目,有利于文化的进一步传播,更是对博物馆收藏、保存、展示、研究、分享宗旨的最好诠释。

(1) 意大利罗马梵蒂冈博物馆提供了西斯汀教堂(Sistine Chapel)米开朗基罗画作的虚拟导览服务。参观者还可以至Pio-Clementino和Chiaramonti等展馆以360°全方位角度浏览梵蒂冈的古典雕塑。

(2) 美国华盛顿特区国家肖像画廊以收藏名人肖像闻名,作品包括美国总统和第一夫人的肖像,以及艾拉·费兹杰拉(Ella Fitzgerald,爵士乐第一夫人)和路易·阿姆斯壮(Louis Armstrong,爵士乐之父)等美国文化偶像的摄影肖像。在Google Arts & Culture上共可浏览23000件艺术品。

(3) 俄罗斯圣彼得堡冬宫博物馆收藏约3百万件艺术和文化文物,包括17世纪荷兰画家伦勃朗的画作,例如《浪子回头》。在冬宫的虚拟之旅中,可以满足公众

5小时以上的在线观展需求。

（4）西班牙马德里提森-博内米萨博物馆拥有一个完整的虚拟展览，专门展出伦勃朗的作品及其他在阿姆斯特丹的同时代艺术家的作品。

2. 数字博物馆

数字博物馆这个概念出现也有很多年，但一直没有非常明确的定义。这个是可以理解的，毕竟随着科技发展，以及公众需求发生变化，数字博物馆的概念也在推陈出新。从最早的线上博物馆，也就是我们所说的网页版本，到后来的将展陈通过三维扫描，利用先进科技手段将其展示出来，再到后来讲故事、提升互动等体验升级，数字博物馆的概念一直在更新。

数字博物馆的内容边界同样是个泛在概念，如果说虚拟博物馆的建设需要实体博物馆或者藏品作为基础，那么数字博物馆则完全跳出了这个范畴，它可以是基于实体博物馆的线上版本，也可以是完全再造的纯数字化博物馆，它的内容覆盖面相比实体博物馆更为广阔，甚至可以无限延展，如"数字敦煌""百度数字博物馆"就是脱离传统展陈的数字化内容展出。除了展览展示，博物馆教育同样是数字博物馆的内容之一，短视频、直播、游戏、互动媒体等各类线上的数字化教育资源成为了数字博物馆的重要组成部分。可以说，数字博物馆是一个聚集博物馆资源的综合性线上平台，它既基于博物馆，又独立于博物馆，同时还在不断演进发展。

2011年2月1日起，搜索引擎巨头谷歌宣布其"艺术计划"（Art Project）正式上线。继谷歌图书、谷歌地图之后，这家互联网巨鳄把目光转向了传统文明。通过使用"街景视图"的技术，网民可以徜徉在众多的世界顶级艺术机构里，这其中包括美国大都会博物馆、纽约现代艺术博物馆，英国泰特美术馆等。用户可以按照艺术家姓名、艺术作品、艺术类型、博物馆、国家、城市和收藏等类别浏览其网站内容。使用特别设计的街景全景拍摄设备，对一些精选的美术馆内部环境进行了360°全方位拍摄高分辨率的图像，观众能够仔细地考查作品的笔触与细节，这是用肉眼所无法做到的。此外，用户可以从3万余件艺术作品中任意进行选择，并可选择他们最中意的细节，创建自己的个性艺术馆。还可以向每幅作品添加评论，然后收藏起来与朋友和家人共享。

中国科学技术协会、教育部、中国科学院共同建设的中国数字科技馆就是由一个基于互联网传播的国家级公益性科普服务平台，从宇宙探索、生命奥秘、人与自然、历史文明、健康生活、工程技术等多个视角，以90个专题展馆全方位介绍了人类科技文明的盛况。透过精美的多媒体展现形式，公众能够深入科学内涵，体验研究过程，同时充分感受科学的快乐以及科技文明的魅力。可以肯定的是，利用数字技术打造博物馆"数字化产品"已成为当下博物馆价值拓展较为有效的发展方式之一。

那么对于具有实体场馆的博物馆来说，建设数字博物馆对于场馆的发展能起到哪些具体作用呢？

图 4.1　中国数字科技馆网站首页

（1）数字博物馆是实体博物馆向外打开的另一扇窗口。实体博物馆的丰富资讯得以从这个窗口传递出去，社会公众的需求、意见可以从这扇窗口传递进来，大大促进了博物馆与社会公众的沟通，拉近了与社会公众的联系，也加强了公众对博物馆的了解。

（2）数字博物馆是促使潜在观众变为实体博物馆观众的桥梁。数字博物馆丰富的收藏，高品质的展览和虚拟呈现的迷人的或震撼的场景，以及生动有趣的节日、活动等，激发了人们参观、体验真实博物馆的兴趣和愿望，进而成为实体博物馆的真实观众。

（3）数字博物馆是广泛传播博物馆文化的重要渠道。路途遥远、时空阻隔、难以亲临实体博物馆的人们则可以在众多数字博物馆里遨游：或了解某个博物馆的历史，或欣赏某个博物馆的著名珍藏，或参加一次虚拟探险，或参与某个有趣的游戏或活动。虽不如亲临实体博物馆体验的真实，但数字博物馆提供的广阔视野和对博物馆文化生动、深度的阐释，加深了人们对博物馆的了解和热爱，促进了博物馆文化的影响和传播，从而也赢得了社会对博物馆的关注和支持。

（4）数字博物馆是进行线上教学的课堂。数字博物馆可借助互联网和数字技术的各种优势进行交互式远程教学和单项式远程教学，使实体博物馆的教育职能得以更大发挥。交互式在线教学就是在固定和约定的时段内，由博物馆专家主持进行某一领域、某一专题知识的传授，并与学习者进行相关问题的探讨或答疑解惑。单向远程教学则是配合学校课程设计和进度，或针对不同学习需求的大众，将博物馆丰富的典藏、研究成果和展示资源制作成各类多媒体教学资源，在网上提供教学节目下载，进行远程教学。

3. 掌上博物馆

掌上博物馆亦或称为移动博物馆，得益于智能终端设备的快速发展，把数字博物馆从 PC 端移植到个人的手机终端，在获取大量丰富博物馆资源的同时，加强了便捷性与移动性,是对数字博物馆的一种服务提升。

陕西数字博物馆是中国首座以省级文物数据库为依托的数字博物馆。通过网络科技整合了该省文物信息资源,用动态模拟、三维演示等文物数字化展示手段,将陕西全省博物馆丰富的馆藏文物予以呈现。陕西历史博物馆推出的手机导览系统,设置有馆藏精品、语音导览、文化产品、教育园地、地图导览等栏目。在二维码的帮助下,观众不再单纯依赖讲解员,就能在博物馆里"自助游"。观众仅需通过手机就可以在移动状态下速读馆藏文物的历史典故和相关知识,也可以将感兴趣的藏品信息保存带回家细细品读或与家人分享。

东京国立博物馆一直探索利用新技术、新方法宣传博物馆文化,策划以科技传承文明,利用社交媒体、手机应用等方式让文物"活"起来。通过下载东京国立博物馆的官方 APP,观众可以在任何时间、任何地点欣赏该博物馆的藏品。轻轻滑动指尖,从绳纹时代到江户时代的土器、佛像、武士刀、书画等历史文物,悉数跃然于手机屏幕上,犹如一个包罗万象的"掌上博物馆"。

4. 智慧博物馆

智慧博物馆的概念来源于现今流行的智慧城市。2008 年 11 月,IBM 公司向世界介绍了一个新概念——智慧地球,进而引发了智慧城市建设的热潮。2012 年 4 月,IBM 宣布与巴黎卢浮宫博物馆合作,建设欧洲第一个智慧博物馆。此后,智慧博物馆在数字信息技术的基础上,极大提升了管理效率和服务水平。

狭义地说,智慧博物馆是基于博物馆核心业务需求的智能化系统;广义地讲,智慧博物馆是基于一个或多个实体博物馆,甚至是在文物尺度、建筑尺度、遗址尺度、城市尺度和无限尺度等不同尺度范围内,搭建的一个完整的博物馆智能生态系统。

传统实体博物馆因观念、技术、场地、展陈能力限制,以及有时出于对文物保护的考虑,所能展示、提供的文物信息量严重不足,大量的藏品没有机会被展出。以故宫为例,每年展出的藏品仅占藏品总量的 5%左右,剩余藏品深藏馆中无人知晓。实体博物馆在时间、空间与展示形式上的内在局限性,制约了博物馆的社会教育和文化传播能力。数字博物馆的出现,突破了藏品展陈的时空限制,丰富了藏品展陈方式,扩展了展陈内容,但仍旧存在局限性。多年以来,由于陷入了技术主导的误区,业内对数字博物馆的内涵与外延争论不断,致使数字博物馆的建设缺乏清晰的路线图,甚至导致声光电技术在博物馆的滥用,秀技术的现象非常普遍,虚拟博物馆或是简单把实体博物馆搬到网上,信息十分匮乏。内在机制层面上,数字博物馆为单向信息传递模式,导致了数字博物馆所提供的信息的时效性、真实性、交互性和现场体验感与实体博物馆存在巨大的差异。同时,也加剧了博物馆内部各自为政和信息孤岛的形成,对管理、保护和研究工作的系统支持有限。

智慧博物馆以多模态感知"数据"替代数字博物馆的集中式静态采集"数字",并以此为基础,建立更加全面、深入和泛在的互联互通,消除信息孤岛,使人与人、人与物、物与物之间形成系统化的协同工作方式,从而形成更为深入的智能化博物馆运作体系。智慧博物馆淡化了实体博物馆相互之间以及实体博物馆与数字博物馆之间的界限,形成了以博物馆业务需求为核心,以不断创新的技术手段为支撑,线上线下相结合的新型博物馆发展模式。

(二)创设博物馆公众新互动

1. AR、VR"动起来"

利用三维全景技术与 AR 技术,博物馆与公众的互动不再是静态的、单一的,而是超越现实的感官体验。三维全景技术是一种桌面虚拟现实技术。2012 年百度百科推出了企业的数字博物馆项目,截止 2016 年,已经上线包括中国国家博物馆、三星堆博物馆、中国园林博物馆在内的 200 余家在线数字博物馆。数字博物馆通过三维全景技术、录音解说、文字、图片等多种方式极大地丰富了用户的感官体验。AR 技术与博物馆的结合前景更为广阔,将原本在现实世界的一定时间、空间范围内很难体验到的实体信息通过电脑等科学技术,模拟仿真后再叠加,将虚拟的信息应用到真实世界,被人类感官所感知。在国外一些国家,AR 技术已探索性地运用于虚拟讲解、"复原"展品、"复活"展览对象并与之互动、展示暂时无法展出的藏品、创建博物馆 AR 游戏以及 AR 馆内导航等多个方面的业务内容。而在国内,AR 等技术的应用也如火如荼,北京指触传媒集团与国内多家博物馆合作推出的文博类 AR 卡片以博物馆馆藏资源为主要创意来源,其产品包括兵马俑 VR 卡片、恭王府 AR 卡片、圆明园 AR 卡片、陕西历史博物馆 AR 卡片、半坡博物馆 AR 卡片等,基本涵盖了国内大小主流博物馆。2017 年 5 月中国园林博物馆举办的"看见'圆明园'"数字体验展选取了圆明园西洋楼、正大光明、勤政亲贤、方壶胜境等26 个景区,利用 AR、VR 技术多角度复现了"万园之园"的恢弘景色。

2. 微信、微博"与你说"

根据人民网发布的《中国移动互联网发展报告(2021)》,截至 2020 年,移动互联网用户稳步增长。2020 年我国 4G 用户总数达到 12.89 亿户,占移动电话用户数的 80.8%。我国 5G 用户规模快速扩大,5G 终端连接数突破 2 亿户。截至 2020 年 12 月,中国手机网民规模已达 9.86 亿,较 2020 年 3 月增长 8885 万,占整体网民的 99.7%。其中,在手机平台拥有用户量最大的网络社交平台是微信。腾讯高级执行副总裁、微信事业群总裁张小龙在"2021 微信公开课 PRO"演讲中表示,每天有 10.9 亿用户打开微信,3.3 亿用户进行视频通话;有 7.8 亿用户进入朋友圈,1.2 亿用户发表朋友圈,其中照片 6.7 亿张,短视频 1 亿条;有 3.6 亿用户读公众号文章,4 亿用户使用小程序。很显然,我们早已步入智能手机社交时代,新媒体的蓬勃发展改变了传统的文化传播方式。上海天文馆(上海科技馆分馆)开馆 3 个月不到,微信粉丝就突破了 100 万。从博物馆管理的层面来说,早在 2012 年发布的《国家一级博物馆运行评估指标体系》中,微博就被正式纳入到博物馆公共关系定性评估指标体系中了。"双微"的有效运营拉近了博物馆与普通参观者之间的距离,人们可以用一种更加轻松自由的方式与博物馆的工作人员进行交流。当前,北京故宫博物院的微博粉丝已经达到了 1015 万,据监测,其粉丝日增长量曾最高达到 40 万之多,相当于故宫 5 天的游客数量。而负责故宫文创产品销售的故宫淘宝官方微博,粉丝数也已达到了 100 万。除此之外,故宫博物院运营的公众号"微故宫"在定时更新文章推送的同时,还提供故宫全景、故宫藏品的高清图片及藏品介绍,这些均使博物馆拥有了与观众进行良好沟通的平台,也为观众贴近藏品、了解藏品背后的故事提供了新的思路。

3. 观展 APP"带你逛"

从世界范围来看,博物馆数字化都不是一蹴而就的,它经历了一个较长的历史发展过程。在这个过程中,博物馆数字化所借助的科技手段与表现形式愈加新颖。创意十足的表现方式给了观众新奇的体验与感受,能够始终保持对博物馆展览的好奇心与观看欲望。

故宫开发的手机 APP"每日故宫"以日历的形式推出,"每天一件故宫藏品"给了观众随时随地观看故宫藏品的机会,精美的电子图片以及简练的藏品介绍在带给观众美的享受的同时,有效地完成了藏品知识普及工作,能让人们充分了解到藏品背后的历史与文化,使其对静态的藏品产生鲜活的"动态感受"。此外,故宫还独家出品了手游《虚拟紫禁城》《皇帝的一天》,并与腾讯联合推出《天天爱消除》手游的故宫特制版。《大内咪探》是故宫文创开发的一项新媒体产品,一本以宫廷猫的视角带领读者了解宫廷秘事的图书,采用 AR 增强现实技术,匹配 APP 可以扫描书中图画,以 3D 形象与视频进行解说,获得了"2016 中国旅游商品大赛"金奖。

2013 年 7 月,皮特里埃及考古博物馆推出了名为"尼罗河之旅"的 iPad 应用程序。参观者只需用 iPad 上的摄像头扫一下馆内一幅特制的尼罗河遗址地图,各遗址上出土的文物就能以 3D 影像的形式出现在屏幕上。游客可以通过触摸 3D 影像,体验翻转、放大等效果,全方位地观赏文物。该应用一经推出,立刻受到游客尤其是年轻人的欢迎。

借助移动设备增强观展体验的博物馆还有卢浮宫。2012 年 4 月,卢浮宫与日本任天堂公司合作推出了以任天堂游戏机为载体的博物馆导览器。该导览器可以显示观众在馆内的精确位置,引导参观路线,高清显示展品照片,解说重要展品,使观众能够更深入地了解卢浮宫藏品。透过导览器的裸眼 3D 屏幕,用户还能看到一幅幅逼真的雕像和油画。

博物馆人将数字化工作提升到博物馆工作的核心是顺应时代与科技发展潮流的,充分利用当今社会的新技术、新发现,能够有效提高博物馆提供公共文化服务的质量,深入推进博物馆数字化,挖掘博物馆更多的展示、教育资源,使之走进人们的视野,也走进人们的心中。

(三)创想博物馆策展新思路

数字技术促进博物馆发展不仅仅是更为丰富的展示教育资源,不仅仅是打破时空限制、形态各异的线上博物馆,不仅仅是与公众多维度沟通的渠道,还是更为前沿、炫酷、新颖的展示技术,其技术渗透造成的影响甚至改变了博物馆在策划展览时的方式、方法。

1. 数字技术与展览内容相结合

阿姆斯特丹城市博物馆是反映一座城市历史文化变迁的博物馆,但其建筑规模远远不及首都博物馆宏大气派,馆舍利用的是一座门面并不开阔的历史建筑,隐匿在街巷的深处。《阿姆斯特丹DNA》是阿姆斯特丹城市博物馆推出的关于阿姆斯特丹城市历史发展的基本陈列,该展览的主题就是城市精神。整个展览主题色为红色,以时间为基轴,顺延阿姆斯特丹城市历史,围绕城市的四个核心价值加以展开。主题鲜明,线条清晰,数字化技术的运用使展览呈现方式新颖感人。展览设计者将整个展览的参观时间控制在五十分钟之内,要使观众在几十分钟时间里便可以了解阿姆斯特丹如何从阿姆斯特河边的一个小型移民聚居区,发展成为当今繁华多元的国际大都市的历程以及贯穿城市发展历史的四大核心精神,其难度可想而知。展线上的展品不仅包括衣、食、住、行的各种用品,还包括反映城市发展和城市精神形成的绘画、文献、统计数字等。每一个时间点上都有一些相同的基本要素,如城市当时的人口数字,城市的平面图与立体模型,拥有的公用设施、车辆、大学、中小学的数字等等。如何展现抽象的历史并让如此庞杂的静态实物、枯燥的数字和图表鲜活起来?现代化的数字视频、声频的运用贯穿整个展览,发挥了重要作用。几乎每一个重要时间节点和重要文物都有数字短片进行解读,每一单元设计的投影仪和触摸屏都恰到好处,单元导语由观众自行操作给出,即观众可将自己手中的参观手册放在扫描开关上,投影仪立即启动,观众可以带上配备的耳机,观看相关视频,聆听解说。每个单元导语与辅助的短片均讲述阿姆斯特丹城某个阶段的历史,语言精练,画面生动,且时间紧凑。例如,阿姆斯特丹早期历史展线上有一只出土于阿姆斯特河的皮鞋,该单元的导语就从这只皮鞋讲起,非常形象与人性化,易于理解和接受。

2. 数字技术与展览空间相结合

俄罗斯圣彼得堡冬宫博物馆是与伦敦的大英博物馆、巴黎的卢浮宫、纽约的大都会艺术博物馆齐名的世界著名博物馆。俄罗斯冬宫博物馆阿姆斯特丹分馆是俄罗斯圣彼得堡冬宫博物馆在荷兰开设的一家分馆,位于阿姆斯特丹运河东岸旁的一座创建于1681年的古典主义建筑之内,该建筑是一个四面围合的四合院式的建筑,据介绍曾经做过社会福利院。博物馆于2009年6月向公众开放,馆中收藏了反映欧洲艺术发展历史的不同时期、流派和地域的艺术作品。由于该馆建筑为历史建筑,所以有反映博物馆建筑历史的原状陈列,其中有一间厨房原状陈列运用的数字技术将时空的联结性发挥到极致。进入该厨房,只见厨房里的灶具、橱柜以及锅碗瓢盆等各种厨房用具一应俱全,按历史原样陈列。除此之外,还能听见一位女士说话的声音,仿佛一位家庭主妇在厨房操作时对家人说话。再往灶台上方的白色墙面看,会发现主妇忙碌的身影在墙面上来回移动。原来该展厅的上方安装了投影设备,将拍摄的古装人物短片以黑白剪影的形式投射在墙面上,同时配有语音,令观众不仅看到了厨房的历史原貌,还看到了历史人物在厨房里活动的历史情景,仿佛瞬间穿越到了历史的另一端,历史人物的音容笑貌跃然眼前,将这间数百年前的厨房复活了,展览具有直观性、生动性和趣味性。博物馆展览中通常会涉及众多的历史人物,对于历史人物的展示手段除了利用大量的文字说明之外,还借助于有限的绘画作品或照片,使人们对其形象有更为直观的印象,但是,这些说明文字是抽象的,绘画和照片则都是静态的,很难使人物鲜活起来。冬宫博物馆阿姆斯特丹分馆在展示历史人物时对数字技术的利用十分独特:展墙上画框里呈现的是一位身着长裙的淑女,初看她时以为只是悬挂在墙面上的一幅人物肖像画,再看她时,笑容可掬的她正滔滔不绝地对我讲述她的家族历史,再抬头看时,她瞬间又定格成了那幅肖像画,远远地在那里微笑。这是一个利用数字技术对历史人物展示和诠释的精彩创意,是肖像画和拍摄的数字视频的完美结合。

当今,数字化技术在博物馆展览中的运用呈现为常态,频繁且多样,除了随处可见的投影设备,还有触手可及的触摸屏,这些数字设备的设计和使用极大地延展了实体博物馆的展示、教育、收藏、研究等各个方面,已经有越来越多的博物馆、科技馆、艺术馆开始了数字化的征程,这也为博物馆数字化提供了无限创意的平台和空间。

3. 数字技术与大众心理相结合

根据传播学"使用与满足理论",大众是有着特定"需求"的个人,他们跟媒介接触的动机就是要满足自己的需求。受到新媒体的冲击,每个人每天都会接收到大量媒体推送来的信息,但只有极少数吸引我们眼球,在某一方面满足我们需求的信息才会被关注。从大众的猎奇心理出发,会发现新颖、奇特、壮观的往往能给大家带来新鲜感,更能引起大众的兴趣。

2021年春晚节目《牛起来》,不仅有科技感十足的机甲牛助阵,还在5G技术的支持下,利用虚拟演播室系统,通过北京+香港云录制的方式,将因防疫要求不能到达演播现场的刘德华"请"到了现场,同时通过XR技术将AR化的刘德华的表演与王一博和关晓彤的实时表演叠加,行云流水、配合默契的表演让观众看不出任何破绽。高科技的加持,让这个4分钟的表演节目迅速出圈,让话题"牛起来舞台科技感"获得4376万阅读,2.7万讨论。对于博物馆来说,传统的参观方式已经跟人们的生活方式产生割裂,所以博物馆一直在寻找和技术结合的点,用数字化等方式把传统的东西展现出来。2021年伊始,创新的艺术呈现形式给人们太多的惊喜。前有春晚高科技走红,紧随其后的"河南博物院元宵奇妙夜"用全新的形式让人们将目光聚焦到中华民族的优秀传统文化上,刷新大众对文物和传统文化的认识视角。

河南卫视推出的2021元宵节特别节目"河南博物院元宵奇妙夜",这台没有主持人、没有顶流明星的晚会,将传统文化与现代科技结合,用耳目一新的形式,靠底蕴丰厚的中原文化出圈。整台晚会以"唐朝少女"为衔接点,以其穿越到河南省博物院后的所见所闻串联起古都的国宝文物和知名历史建筑,展现古都厚重的历史文化。最终,话题"河南元宵晚会是实景拍摄"达到2.5亿的阅读量。

二、从"互联网+"到"博物馆+"

"互联网+"这个概念相信大家已不再陌生。"互联网+"作为信息技术新产业,已经成为当今各行各业创新发展不得不提的巨大引擎。在宏观经济领域,以百度公司、阿里巴巴集团、腾讯公司三大互联网公司为代表的"互联网+"产业翘楚俨然已经成为新经济成功标杆;在微观的工作生活中,微信、支付宝、滴滴、摩拜等"互联网+"应用亦全方位悄无声息的融入了人们的各种活动。无所不在的"互联网+"让各行各业都似乎看到了像文艺复兴般的光芒,而博物馆在"互联网+"大背景下也将萌发出新的生机与活力。

早在1994年,国际博物馆学委员会前主席冯·门施提出了"博物馆学属于信息科学。"[①]他认为"博物馆物"是信息的载体。从这个角度来说,博物馆是信息的管理者,文物征集是信息的收集,文物保护是信息的保护,文物研究是信息的挖掘,陈列展览和教育是信息的传播。信息科学理论不仅适于物质遗产,对于非物质文化遗产同样适用。随着时间的推移、技术的发展,使"博物馆学属于信息科学"这一表述越发显得直观和全面。对于信息传播,我们已经领略到"互联网+"时代极其迅猛的传播速度和呈指数爆炸增长的受众数量。既然博物馆是信息的管理者,那么不难理解为何数字化时代的到来,尤其是"互联网+"时代的到来,对博物馆的信息生产、创新意味着划时代的革命。

首先,博物馆信息消费模式已改变。"互联网+"时代的到来,加上公众文化水平的普遍提升、博物馆免费开放的政策等因素,使得博物馆的消费模式发生了一些变化,见表4-2。[②]

表4.2 博物馆信息消费模式变化

博物馆观众	模式变化	博物馆的新挑战
参观性质	目的型→休闲型	服务群体多元、数量增加、要求增高,博物馆服务难度增大、服务成本增多
参观方式	导览式→体验式	内容提供充足、信息传播有效、信息提供方式多元
信息接纳	接受型→质疑型	须提供观众互动交流的有效平台或渠道

---

① 王宏钧.中国博物馆学基础[M].上海:上海古籍出版社,2001:9.
② 刘尚清.关于博物馆"互联网+"跨界融合的几点思考[J].中国博物馆,2018(1):122-126.

其次，博物馆的边界愈加模糊。从信息学的角度，信息传播成为了博物馆的首要工作。信息传播没有围墙的界限，甚至没有时空的限制，融合状态下的信息，如"博物馆＋综艺""博物馆＋游戏""博物馆＋直播"都存在巨大的发展潜力。而这些的前提是，利用数字技术的迅猛发展实现信息的交汇融合，从拥抱"互联网＋"到实现"博物馆＋"发展业态。

（一）基于互联网＋的多元互融创新

随着信息技术和数字技术的迅猛发展，美国学者提出了"媒介融合"的概念，国内学者在此基础上提出了"融媒体"的概念。媒介融合迅速发展，各种媒体优势互补，在较大程度上影响了媒介传播的广度、深度。虽然国内研究融媒体的文献资料非常丰富，但学术界尚未就如何界定融媒体达成共识。目前，国内绝大多数学术论文对其采取了下列定义："尽可能地采用互联网载体，把具备了共同点，又彼此互补的各种媒体从宣传、内容以及人力等领域进行全方位整合，从而达到内容兼容、资源融通、利益共融、宣传互融的效果。"融媒体时代的创新，除了理念上的创新之外，还有一系列的模式创新。融媒体带来的最重要的一个结果即"媒介之间的边界由清晰变得模糊"。博物馆要实现内容的创新，利用数字技术来"打通"是实现内容多元互融创新的关键。

近年来，基于"互联网＋"概念发展起来的博物馆内容的融合创新，已成为博物馆传播的重要手段。2011年，多平台开播的"文物美剧"《博物馆奇妙夜》，以博物馆的文物和历史谜案为内容，用侦探揭秘的方式层层递进、抽丝剥茧，将文博及历史相关知识贯穿在揭秘的整个过程中。2017年12月起，旨在"让国宝活起来"的两档博物馆跨界纪实类节目《国家宝藏》《如果国宝会说话》先后上线，凭借其年轻化、现代化的表达方式获得了年轻受众共鸣，不但使博物馆里"死"的文物"走出"展柜"活"了起来，而且"火"了起来。那些动辄几千岁的文物不但"会说话"，还是能夺人眼球的"戏精"，一下子成功拉近了年老的文物与年轻的观众之间的距离，使得"博物馆热"成为中国社会文化消费新风尚。

图 4.2 《国家宝藏》官网宣传图

第四章　数字化时代博物馆核心竞争力的体现　　87

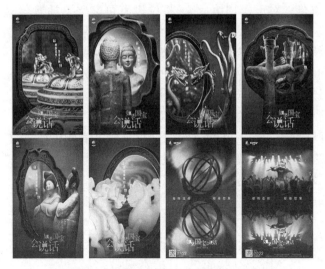

图 4.3　《如果国宝会说话》官网节目链接图

　　随着"互联网+"与数字技术的快速发展,除了文博节目和电视纪录片,各种官方发布或网友自制的文物表情包、出圈海报、短视频也不断进入人们的视野,以故宫为代表的一系列博物馆和大量国宝成为了"网红"。2018 年,抖音联手中国国家博物馆、湖南博物院、南京博物院、山西博物院、陕西历史博物馆、广东省博物馆、浙江省博物馆 7 家知名博物馆推出了 H5 作品《第一届文物戏精大会》,司母戊鼎、兵马俑等原本严肃、冰冷、沉闷的文物拟人化后变得"萌萌哒",迅速火遍朋友圈。该 H5 作品发布之后,抖音在其头部内容中上线"嗯! 奇妙博物馆"话题挑战,号召大众走进各大博物馆与"戏精"文物们合作,激发受众创作热情,拍出他们的抖音故事,仅两天参与人数就超过了 5 万人。与此同时,人民日报、环球时报、头条新闻等微博大号对该 H5 作品的转发更引发了社会各界的关注与评论,网友纷纷被"圈粉"。在抖音、微博、微信的合力下,4 天时间,《第一届文物戏精大会》累计播放量突破 1.18 亿次,点赞量 650 万,分享数超过 17 万,相当于大英博物馆 2016 年全年参观总人次的 184 倍[①]。

　　当然,"博物馆+"不应仅仅只是"互联网+"。需要强调的是,对于任何有益于博物馆内容创新的,博物馆都应该张开怀抱。一直以来,博物馆对于创新的融合从未停止过,包括 VR、AR、云计算、工业 4.0 等,而下个时代,无论或将产生人工智能、生物智能、量子计算还是其他,"博物馆+"是应有的态度。在博物馆"互联网+"的概念中,博物馆就是主体,"互联网+"代表技术应用。然而,从"互联网+"时代开始,任何产业结构都有可能被打破,在其他领域我们已经看到许多的案例,如蚂蚁金服、华为手机、特拉斯汽车、乐视、优酷等,我们已经一次次看到这些科技企业

① 王宇.融媒体赋能博物馆传播[J].现代视听,2019(5):86.

对传统行业的逆袭。对于博物馆,谁又将说没有可能呢？随着信息消费模式的演变、文物数字化及共享标准的建立以及文物知识产权保护体系的完善,或许不久之后一种全新的超越空间的"虚拟"的博物馆就将出现,或如"东周列国博物馆",或如"五代十国博物馆"等。博物馆要在未来的行业内继续站稳脚跟,在这个以内容为王的时代中,必须跟着数字技术发展的浪潮,主动开放,提前布局。

(二) 基于"博物馆+"的分众内涵挖掘

如果说"互联网+"是"互联网+传统行业",利用信息和互联网平台,使得互联网与传统行业进行融合,创造新的发展机会,那么"博物馆+"则是"博物馆+新兴行业",利用新技术、新手段来创新博物馆的文化传播。在"博物馆+"的多元内容创作中,基于用户的需求开发,让受众对博物馆产生兴趣是关键。受众的偏好不同,除了通过年龄、文化背景、行业等划分受众类型,分析受众偏好外,还可以通过分析产品的反馈信息获知受众的态度,进而分析受众的偏好,定位目标受众。例如,"故宫出品"系列 APP 应用,如《每日故宫》《故宫展览》等,2018 年进行了用户交互界面全面改版和用户体系核心功能的拓展升级,增加了个人中心、心愿单、留言、点赞等互动功能[1]。这是博物馆构建内容创新、分析受众偏好的基础资源。

换一个视角来看,数字技术在促进"博物馆+"发展的同时,不同的公众也反过来对博物馆提出了更高要求,这也是受众群体的迅速扩大和差异性增加密切相关的。由于线上观众增加并向线下引流的效应,博物馆必然面对观众群体构成的快速多元化和复合化——用二八法则来分析,这其中既有头部大流量,也有需求各不相同的"长尾"。值得注意的是,后疫情时代,"长尾"的比例可能大大增加,一方面是因为疫情防控期间基于公共卫生安全的考虑,博物馆头部流量减少,另一方面是疫情特殊时期,更多人在空闲时间养成了关注博物馆、利用博物馆资源的习惯。以故宫博物院为例,目前故宫的限流人数为每天 1.2 万人,相比 2020 年疫情前的 8 万人是一个锐减,尤其当时许多观众是特地为了一些临展、特展而来的。受众中"长尾"的比例变大,也为博物馆根据分众需求深挖内容,布局多元化服务提供了更强的动力。

回溯博物馆的历史,从个人收藏到公共博物馆,从仅面向小众"精英"的博学苑到面向广泛人民大众的公立博物馆,博物馆的观众经历着从单一到多元化的发展。只是随着数字技术的发展,特别是疫情对人们生活方式的改变,这个进程在短时间内完成了"三级跳"——疫情期间互联网使用量的明显增加促使博物馆受众倍增。时下,要适应观众构成的这种快速变化,博物馆需要利用更多形式对观众进行"摸底"。而伴随着对多元化观众的理解不断深入,博物馆的多元化服务也将更加精准。

通常,博物馆会利用空间设计完成"分众"化体验,或者采用"分众"化思维进行

---

[1] 梁炎鑫.利用融媒体手段实现博物馆传播创新[J].新闻研究导刊,2019(11):204.

公众教育。例如英国 V&A 博物馆的"小熊维尼"展,展厅设计得十分精致。以年龄为标准对空间进行划分,向成年人提供"怀旧"内容,而向儿童提供"趣味、游戏"内容。除了以年龄为标准,观众兴趣也可作为划分标准。南京博物院的展览通常分几类布局,有文化对比类展览、以当代视角欣赏传统文化的展览、带有宫廷原状陈列元素的展览、关于当代生活的展览等,利用不同的展览满足不同观众的参观口味。

而当数字技术赋能这些已有的"分众化"服务形式后,博物馆服务的维度将得到再一次扩展。一方面,在加入时空复用关系后,展览的内容可以更丰富;另一方面,当展览获得更高的自由度时,在内容的组织上,可以利用数字技术挖掘更多的有针对性的资源去服务该部分核心观众。例如英国 V&A 博物馆在网上开放了藏品信息,包括藏品的展览位置和入藏历史等,同时该馆在展厅的角落里设置了电脑,方便观众及时检索藏品信息。这是因为该馆用了很多密集型展柜,造成展品很难安排展签对展品进行说明。而借助电脑自助检索这样的设置,观众在参观时如果对一件展品感兴趣,可以用展厅内提供的电脑及时查询展品信息,即时学习、收集信息。这对研究型观众来说是非常有用和有效的设置。上海科技馆能源新天地展厅的图文在设计之初,就采用了年轻人非常喜欢的条漫模式。每一个知识点,包括背后的科学家故事都在原先简单的描述中深挖内容,并采用电子漫画的形式来诠释,不仅信息量成倍增长,而且对目标观众非常具有针对性,在面对喜爱博物馆+漫画的受众时,场馆会显得更为自信。博物馆可以选择利用电视媒体传播较为浅显、轻松、活泼、贴近大众喜好的信息内容;同时,也会通过新兴媒体在专业学术平台发布专业性较强的学术信息,出版面向不同读者的出版物,既有面向专业读者的《赵孟頫书画全集》,也有面向儿童的绘本《哇,故宫的二十四节气》。对于多元和复合的"长尾"观众,未来博物馆要更多地利用信息技术带来的知识丰富性和时空可复用性,照顾到他们对知识不同层面的需要——从发现问题、解决问题,到自主利用博物馆资源构建知识体系;从感兴趣开始,进而引发学习,进一步开展研究。

当今,以互联网为核心的博物馆文化具有去中心化、高互动性的特征,同时博物馆+业态的发展也赋能博物馆庞大的知识资源与多元化、复合化的观众群体,这是正在路上且分外令人憧憬的博物馆的新服务形态,并成为数字化时代一种新的生活方式。

第二节 数字赋能教育传播

2007 年,第 21 届国际博物馆协会对博物馆的定义进行了修订:博物馆运行的目的是"教育、研究和欣赏"。2015 年,中华人民共和国国务院颁布的《博物馆条例》,同样将博物馆的业务目的由沿用多年的"研究、教育、欣赏"调整为"教育、研究、欣赏"。"教育"成为博物馆的首要功能,这意味着国内外博物馆的经营理念和目标均发生转变并达成了共识,且博物馆进行征集、保护、研究、传播的首要目的是教育。

近年来,教育活动在国内博物馆遍地开花、百家齐放,并且逐步向专业化、精细化发展,形成了在"探究式学习""STEM""5E"以及"基于问题/项目的学习"等教学理念下具有博物馆特色的优质教育活动。与此同时,线下教育活动受时间、空间、参与人数和科学老师数量限制的劣势凸显,这在很大程度上制约了博物馆的科普效益。另外,博物馆和公众的关系是单向的,公众在被动接受博物馆提供的展示和教育内容。

博物馆的数字化建设为博物馆教育打开了新局面,也重新定义了博物馆教育。博物馆和学习者打破时间和空间的壁垒,在沉浸式的虚拟空间互动,实现博物馆教育跨学科、跨领域、跨界融合,最大限度地凝聚社会力量实现科普效益的最大化。丰富的数字化资源实现了教育空间的延伸,让观众可以不受时间和空间限制更便捷地自主参观学习;以博物馆展品展项为基础,制作还原展览甚至突破空间和现有展品展项限制的数字化内容,通过多样化的呈现手段,让不同年龄、不同知识背景的观众都能无障碍地接受多元的信息;博物馆资源的数字化呈现解决了学校组织学生到馆产生的安全、时间等问题,给馆校合作提供了新的、更舒适的合作模式;教育活动参与人员的信息数据管理,能为博物馆科学老师提供更准确、更直观的数据,以此来依据观众的兴趣调整推送内容,满足观众的个性化需求;提供观众与博物馆、观众与观众互动的平台,鼓励观众自发产出内容,主动参与到博物馆的展示和教育内容的生产中,与博物馆建立双向输出的互动关系。

博物馆是"基于实物的探究式学习"的特色场所,数字战略下基于实物的学习并不局限在博物馆的实体空间里。博物馆注重建构虚拟教育空间,一个数字系统把博物馆的藏品、展览、学习资源和学习工具连接在一起,通过博物馆网站、博物馆移动手机应用、社交媒体等载体传递信息。我们随时随地都可以通过数字技术提升科学素养,增进对跨学科领域和世界的认识,甚至参与到博物馆的建设和重要话题讨论中来。

一、丰富、开放的数字化教育资源

数字技术对博物馆教育资源的总体影响是使其更具有开放性和共享性,从而推动博物馆教育资源配置的均衡性和公平性[①]。2007 年,第 21 届国际博物馆协会会议修订的博物馆定义指出,博物馆是一个为社会及其发展服务的、向公众开放的非营利性常设机构,那么它理应将其所拥有的技术、文化和教育资源与全人类共

---

① 张丽.数字化时代中国博物馆教育发展研究[D].武汉:华中师范大学,2015.

享。数字化帮助博物馆真正实现了其普惠大众的愿景。

(一) 国内线上教育资源

国内数字博物馆网站中,北京故宫博物院青少网站中学习资源较为丰富。青少网站针对青少年学习,目标对象清晰,从青少年的好奇点出发,通过漫画图文、剧场及网页游戏的形式展示吸引青少年好奇心的科普内容。打开网站主页,扑面而来的漫画风迎合青少年的喜好,"紫禁学堂""故宫藏宝""故宫小百科"等专题以漫画图文的形式讲述名人轶事、揭秘藏在字画等物件里的故事、评说故宫里的典故和习俗,如"皇帝一天只能吃两顿饭?""官帽上的秘密"等;"微剧场""游戏区"以及根据故宫素材开发的 App,给大众在沉浸式的互动体验中体验古人的生活和习俗。

(二) 国外线上教育资源

大英博物馆网站不仅有丰富的数字化展品,而且有专门的学习板块。学习板块分为"学校学习""家庭学习""成人学习""年轻人学习""社区学习"等模块。博物馆将公众分为不同的群体,针对不同人群开发了不同的围绕博物馆实体的学习活动。其中,学校学习分博物馆项目和学校项目,博物馆项目是面向 7~11 岁的学生项目,学校项目按照年龄分为 3~6 岁、7~11 岁、11~14 岁、14~16 岁及 16 岁以上的探究或工作坊项目。年轻人学习模块面向 16~24 岁的人群;成年人学习模块包括讲座、表演、文化节或特殊活动、短课程、工作坊等。

美国自然历史博物馆的门户网站提供了大量数字化学习资源,其特色体现在网站中的"教学""博物馆研究""探索"等相关模块。在"教学"模块中,根据参观者年龄和需求划分为孩子和家庭项目、青少年项目、高等教育项目、成人项目以及教育者项目,通过夏令营、课程、专业学习、实习等开展相应的项目活动;"博物馆研究"模块则根据学科来划分资源,包含人类学、无脊椎动物学、古生物学、物理科学等学科的教学资源。"探索"模块根据不同的主题来组织教学资源,包括颜色、气候变化、健康和微生物、恐龙探索等 18 个主题,每个主题通过"博物馆中相关展览""课程和工作坊""藏品""动手做""研讨会""游戏""视频""故事""教育者资料"等与主题相关的内容进行诠释。"探索"模块将主题相关的所有资源按照展示形式详细分类,从基础知识、相关展品参观到不同形式、不同深度的教育活动,引导学习者对主题的了解由浅入深、最终全面了解。同时,多样化的教育形式能够满足学习者的不同需求。

国内的数字博物馆建设起步较晚,近几年才呈现快速发展的趋势。法国卢浮宫博物馆、美国大都会艺术博物馆、英国大英博物馆等,自 20 世纪 90 年代起着手建设数字博物馆,并开始尝试和利用数字博物馆创建学习平台[①]。

二、多元体验的青少年活动

数字技术使人们可以轻易地获得充足的信息资源,也推动着教育和学习资源

---

① 周善东.数字博物馆中探究性学习活动的设计与实施[D].杭州:浙江大学,2017.

的共享和均衡配置,促进博物馆教育公平。与此同时,数字化不仅延伸了博物馆的教育空间,使博物馆的教育有更多元的呈现方式,也使教育者的角色更具多样性和挑战性。对学习者而言,数字技术带来的多样化的学习体验不仅能够激发学习者的兴趣、维持学习行为,也促使学习者在多元的体验中对学习主题进行全面、有意义的建构,从而形成完整的认知。

(一) 基于数字博物馆的 WebQuest 网络探究学习活动

WebQuest 是一种"专题调查"网络探究学习活动,学习者的部分或所有信息均来自互联网上的资源。WebQuest 是一种课程学习模式,包括引言、任务、过程、资源、评估及结论六个环节,引导学生获取、整合知识,拓展、提炼知识,然后经过深入的分析,学会迁移知识,并以一定的形式呈现对知识的理解。

美国玛丽安·科什兰科学博物馆(Koshland)网站的"WebQuests"板块包含"气候变化""极端事件""遗传病""传染病"等专题,每个专题都提供教师手册、学生手册以及相关的多媒体资源,给教师带领学生开展探究学习活动提供了足够资料。以 WebQuest"气候变化"探究学习活动为例,该活动设计的目的在于使学习者了解气候变化、能源使用和全球变暖。在活动中,学习者扮演科学家、商业领袖或政策制定者的角色,并成为气候行动团队的一员,这将使他们每天在"真实世界"中做出相同的探索和决定,在角色扮演中让学习者直接学习全球变暖对社会和环境的影响,以及如何帮助人们对气候变化、能源利用和现有政策选择等复杂问题做出更好的决定。

该活动的引言部分提出了三个问题:第一,气候变暖了吗?第二,如果有的话,人类扮演的什么角色导致气候改变了?第三,对于全球变暖,应该制定什么样的政策?三个问题循序渐进,由浅入深,引导学习者使用该博物馆网站中的资源和其他网络资源完成整个 WebQuest。

虽然该活动的背景故事是虚构的,但是这个活动中许多要解决的问题是现实生活中的气候科学家、经济学家、政策分析师、能源专家和城市规划者正在考虑要解决的问题[①]。通过模拟现实生活中的真实情况,让学生不仅了解我们所面临的气候问题现状,也能从不同的角色站位思考解决问题的方式以及我们每个人面对气候问题时该做出怎样的行动。

基于数字博物馆的 WebQuest 网络探究学习活动的优势:

第一,学习形式灵活。WebQuest 学习不受时间地点的限制。学习者可以随时随地访问数字博物馆来完成学习任务。学习者可以是各个年龄段的人,只要具备网络学习的能力,就可以参与 WebQuest 学习。

第二,探究主题选择范围广泛。在 WebQuest 学习活动中,探究主题很重要。一个好的、有创意的主意更能引起学习者的兴趣。基于数字博物馆的 WebQuest

---

① 周善东.数字博物馆中探究性学习活动的设计与实施[D].杭州:浙江大学,2017.

探究学习活动,主题选择范围广泛,可以从多个角度,跨学科、跨领域选择探究主题。

第三,学习资源充足。依托数字博物馆,但也可以借助其他网络资源。

第四,便于分享、交流。借助网络,WebQuest学习者可借助BBS等平台分享交流。

第五,便于评价学习结果。WebQuest学习可以采用评价量规从不同方面评价学习成果[①]。

(二) 数字化资源将参观与活动体验无限延伸

上海自然博物馆(上海科技馆分馆)推出的原创科普类视频频道《螺说》,是以自博馆的展览和藏品为素材,联系大众的生活日常,从健康、影视、戏剧、科幻等发散性角度选题,由博物馆教育者自导自演的接地气、挖深入、有态度的系列短视频。该频道以极具戏剧冲突的语言和图片,从观众的视角在3~5分钟里解释一个有趣的话题,通过上海自然博物馆微信和网站广泛传播,深受大众喜爱。

史密森尼国家自然历史博物馆的卡洛琳·W.惠特尼科学教育中心提供了Q?卡服务,为观众开通个人在线账户和个人数字化野外工作记录本(Digital Field Book,DFB),观众可以在DFB上添加内容、做笔记、保存个人研究信息,同时可以通过社交媒体与朋友们分享,并且能够远程登录。个人账户连接起了展厅、探索空间和馆外场所。

三、构建馆校合作新路程

学校教育是依托教材、以课堂教育为主的授受式正规教育,博物馆教育是依托展览资源、灵活多样的开放式非正规教育。目前,正规教育与非正规教育的差别和界限越来越模糊。如,学校在开展非正规的实践活动的,甚至一些学校有自己的博物馆,非正规学习场所通过提供与学校课程紧密结合的内容,亦可成为课堂场地。从这个视角看,要解决的问题是如何使正规和非正规教育互补,惠及青少年。

目前,制约博物馆和学校紧密合作的重要因素是学校到博物馆路途上的时间成本和学生离开学校这段时间的安全问题。

博物馆使用新媒体技术和移动技术,随时随地向公众提供教育项目,同时也能够随时随地接纳任何学习者进入到教育项目中。数字技术极大地改变了人们的学习方式,也悄然改变着博物馆与学校的合作模式。

史密森学习和数字渠道中心(SCLDA)是一个负责教育的中心部门,与史密森旗下的所有博物馆以及许多国家教育机构合作,提供以博物馆为基础的教育体验,目标受众是全美的教师和学生。为方便教师使用博物馆资源,史密森建立了一个门户网站:https://learninglab.si.edu,该网站拥有超过2500多个数字教育资源

---

① 周善东.数字博物馆中探究性学习活动的设计与实施[D].杭州:浙江大学,2017.

可以用在学校里,如课程计划、专家录像、网站、互动游戏等。教师能按照主题领域、学校教学的标准或者感兴趣的话题进行搜索,即可生成一个附带相关资源链接的列表,SCLDA原本希望通过这样一个便捷的方式,让教师们简单操作即可获取博物馆全部的教学资源。但SCLDA发现,教师们并非直接使用他们提供的现成的线上教学材料,而是配合他们的课程和学生的需求,对这些材料进行解构和重组。

为了更好地理解教师想要什么样的教学资料,该中心针对网站用户在网站页面提出了一些调研问题,评估人员通过调查和面对面的座谈来确定教师们的想法,例如,教师们希望能够编辑文字,修改到符合学生的阅读水平,或是在地图上以某种方式排布成组的数字影像,又或者把物品按照历史年代的序列排列起来;他们想要数字存储空间、与他人分享自己的史密森数字化收藏等;他们希望互动性强、参与度高的呈现形式,能灵活适应不同的年龄和不同的情况,能根据兴趣简易的进行个性化处理,与学校里所教的内容同步以及强调问题的解决。总之,教师们希望能够像利用自己的教学材料那样利用史密森的数字资源,把数字影像融入他们已有的活动类型中。史密森根据教师的需求开发工作原型。通过这项工作,教师能够获得灵活性的教学材料,为满足学生的个性化需求也可以随时调整[1]。

综上,博物馆数字化建设初期应细分受众,从年龄、相互关系、学习目的等多维度分众,将丰富的数字化资源通过细化的受众对象乐于接受的形式呈现。如为与学校课程对接,博物馆可在在线资源中,设置教育者板块、年龄板块、学科板块等。教育者板块,下级目录中应明确列出博物馆资源与学校课程相关知识点的对应关系,便于学校老师快速定位可利用的博物馆资源;年龄、学科等模块,下级目录中结合博物馆的展览、多媒体资源、课程、探究活动等多种体验形式为学习者自主探索搭建桥梁。

四、多渠道过程联动

目前,博物馆线下教育活动如火如荼地进行,单纯线下教育活动的弊端也日渐凸显。我们可以把学习者到博物馆学习的过程分为参与活动前、参与活动中和参与活动后。线下教育中,博物馆只介入了学习者的"参与活动中",无法引导学习者的活动前和活动后的部分。于博物馆教育而言,一是难以精准把握学生的兴趣爱好(如主题、活动类型等);二是无法掌握学生在博物馆学习的成长轨迹和学习效果;三是后续项目的决策没有足够的反馈支撑;四是馆外与馆内教育脱离,间接推动博物馆教育向一次性活动发展。于学习者而言,缺少了活动前的预习和活动后的拓展,学习效果大打折扣。

---

[1] 诺比,萧凯茵. 从物品的墓地到思想的摇篮:从古德到数字化时代史密森博物院的教育理念与实践[J]. 中国博物馆,2015,32(1):92-98.

上海科技馆在对教育空间的更新改造过程中，在门户网站嵌入了线上线下联动系统，对学习者进行参与活动前、中、后的全过程档案管理。活动前，学习者通过线上平台预约参加教育活动 A，系统向学习者推送与活动 A 相关的线上资源，学生进行参与活动前的预习。活动中，博物馆教育者可利用丰富的线上资源辅助教学过程，在活动中或活动后从多维度评价学生在活动中的表现并上传至线上平台，学习者可在个人账户查看教育者对自己的评价。活动后，一方面是作为活动 A 的持续教育，鼓励学习者上传与活动 A 相关的个人作品，参与到活动 A 的话题中；另一方面，通过话题和兴趣小组，引导学习者分享更多的创新作品，或参与到用户自发组织的竞赛和讨论中。

在这样一个教育活动全流程的管理中，博物馆教育者可以详细掌握学习者的偏好和学习效果，为教育活动项目精进和后续项目决策提供强有力的支撑，学习者及家长可全面了解学习者在博物馆的学习过程和成长记录。

五、满足个性化学习需求

数字化时代的一个重要特征是体验的个性化。博物馆面向大众，需要满足不同年龄、不同文化背景的观众的学习需求，基于大数据的分析，将受众依据不同的背景和客观条件加以划分，在博物馆开展跟踪服务、精准服务、知识关联服务和宣传推广服务等，形成针对不同受众群体的个性化博物馆教育活动，提升学习者的学习体验。

（一）个性化教育服务

受众因年龄、教育背景、生活阅历等不同，对博物馆教育活动的理解存在较大的差异，会直接影响教育效果，这要求博物馆教育者对学习者进行分类研究，针对不同的学习者设定不同的活动方案。在互联网背景下，利用大数据分析来调研受众需求、跟踪传播效果成为可能，线上线下的交互式体验、公众平台的推广关注乃至受众的主动参与行为为博物馆教育大数据研究提供了丰富的信息来源[1]。

学习者在博物馆数字化平台访问各页面的频率、停留时间、参与讨论的话题、在平台的移动轨迹等，可以清晰地体现学习者的学习路径和学习者的特征，形成学习者专属画像和学习档案。在有效记录学习者学习过程和综合评价学习情况的基础上，提升服务的智能化、精准化，推送有针对性的定制教育资源，同时为学习者参与教育活动、资料查找等提供高质量、精准化的服务。如可根据学习者学习偏好和学习行为习惯自动调整学习内容的自适应学习技术，逐渐出现在网络学习平台中，该技术使学习内容由传统的统一固定方式传授转变成了差异化的按需推送，提高

---

[1] 杨丹丹."互联网＋博物馆教育"的新思考[J].东南文化，2017(5)：118-122.

了学习者的数字化学习体验①。

博物馆也可以在网站页面设计"可能感兴趣的内容"板块，集中呈现博物馆近期更新的学习者可能感兴趣的资源，也可以推送跟学习者有相同兴趣点的其他用户或兴趣小组，提高用户粘性并促使用户自发生成内容。另外，一些博物馆在资源上新后，会通过邮件发送与学习者的个性化需求匹配的内容，提醒学习者进入网站学习。

此外，依靠数字化技术为残障人士定制他们能感知的数字化内容，使他们能够平等地观展。如通过专门的网站颜色、音频服务、视频字幕、图片文字说明等。

（二）个性化收藏

在数字化战略下，培养学生使用数字化设备的能力，帮助他们使用数字化设备建立个人收藏或者进行艺术创作、标注、阐释已经成为英国博物馆教育的重要内容。泰特美术馆与伦敦CLC（教育发展信托）合作组织的活动，教儿童使用数字化技术进行创作、实验、设计、探索，在家庭和学校之间建立联系。

学习者在博物馆网页将感兴趣的藏品、教育活动、教育资源添加至个人页面收藏，博物馆通过对信息进行过滤和个性化处理，让用户可以方便的访问它们。个性化交互工具和方法的使用会拉近学习者和藏品间的距离，学习体验也能得到个性化定制，这对建立学习者与博物馆之间的联系起到了推动作用②。

六、技术赋能教育精准评估

大数据带来的个性化服务，不仅能给学习者带来符合个体特征和学习特质的服务，通过评估也为博物馆教育内容、教育形式的变革提供依据，为博物馆的教育发展提供有力的支撑。基于数据，学习者的学习过程、偏好、学习效果等得以完整的记录，无论是线上教育还是线下教育，这些数据能帮助教育工作者为学习者定制教学内容和教学方式。然而，为学习者提供个性化的学习服务，就一定代表着学习效果得以提升吗？也不一定。我们常通过教育评估来了解学习者在没在学，学得怎么样，以及是否达成了既定的学习目标。因此，博物馆在给学习者提供个性化的学习服务的同时，也要评测学习效果和能力发展，根据评估结果调整输送的学习服务内容，让每个学习者都有可能获得适合自己的最大程度的发展。

就博物馆教育评估而言，目前国外的研究较多，重视评估效果的呈现，偏重无形价值评估，在标准的建立上也形成了较完整的体系。耶鲁大学Robinson认为"博物馆为公众提供了难得的受教育环境，但它的益处只有通过有创意的展览和项

---

① Jyothi N, Bhan K, Mothukuri U, et al. A recommender system assisting instructor in building learning path for personalized learning system [C]//IEEE Fourth International Conference on Technology for Education, 2012: 228-230.

② 刘灿姣, 姜薇. 英国博物馆数字化战略的教育影响与启示[J]. 当代教育与文化, 2019, 11(3): 38-44.

目才能实现。为确保公众真正受益,应对项目进行评估[①]"。Robinson 和 Melton 对于博物馆教育价值的探讨和研究,成为博物馆评估的开端。正是得益于他们的实践工作,才有了后来博物馆教育评估各种类型的出现。

目前,国内博物馆的教育活动评估主要体现在线下教育活动中,行业内尚未有科学、统一的评估标准,不过近年来博物馆行业对教育评估的关注度持续走高,也积攒了一些教育评估实践经验。如,2018 年在国家文物局的委托下,中国博物馆协会社会教育专业委员会编辑出版的《中国博物馆青少年教育工作指南》,指南中给出了试运行版的《中国博物馆青少年活动评价表》。评价表从管理及保障机制、教育工作内容及实施、教育人员队伍建设、教育研究氛围、宣传与影响五个方面给出评估规划,归纳出了一套相对完整的博物馆课程开发、实施、效果评价的流程与标准[②]。但如今,博物馆常用的评估方式多为人工评估,这种评估方式主观性较强且样本数量有限,导致评估结果的可信度有待商榷。而博物馆的线上教育仍处于起步阶段,对线上教育进行评估的场馆更是凤毛麟角。

教育信息化建设逐步从基础建设、数据积累向数据应用的转变,为教育大数据的发展和运用创造了条件。教育评估作为教育领域中进行教育管理、决策的重要手段,数据更是其重要的依据和基础。随着人工智能、深度学习、情感计算及区块链等新兴技术的迅速兴起与发展,给教育大数据与教育评估的分析和应用带来了新的契机:一是大数据的客观性可以保证评估的准确性;二是借助传感设备及物联网技术采集到的即时、连续的数据可以实现对教育的过程性评估;三是大数据将所有与教育有关的立体化数据提供给我们采集、处理和分析,全面广泛的数据促使教育评估更加全面,大数据的细颗粒性为教育评估的科学性保驾护航;四是博物馆的教育活动类型多样,每个活动环节丰富,且实施过程中有很多不确定性,通过云端技术等智能化的数据挖掘手段,可以从杂乱的数据中整理出评估体系中的数据结构[③]。因此,在这些新技术的支撑下有效运用大数据资源可以切实推进教育领域的改革与发展。而新技术加持下的教育评估有着更多、更新的内涵和特点。这里从数字技术的角度,分析技术推动下的博物馆线上和线下教育的评估路径。

(一) 线下教育活动效果评价

目前博物馆线下教育的评估方式主要包括前置性评估、形成性评估和总结性评估。前置性评估是在教学活动开始前,为了确定学习者已有的学习准备而进行的评估。形成性评估是教师基于对学生学习全过程的持续观察和记录,对学生学习过程中的表现做出评估,其目的是收集学生的学习表现以判断学生目前的水平

[①] 晏善富. 博物馆公共项目评估:西方的实践[J]. 中国博物馆,2005(2):41-47.

[②] 中国博物馆协会社会教育专业委员会. 中国博物馆青少年教育工作指南[M]. 北京:文物出版社,2018.

[③] 沈忠华. 新技术视域下的教育大数据与教育评估新探:兼论区块链技术对在线教育评估的影响[J]. 远程教育志,2017,35(3):31-39.

和与学习目标的距离,并寻找适当的方法帮助学生达到目标。形成性评估是搜集数据、分析数据然后改进的过程。总结性评估是在教学活动完成后,为把握最终效果进行的测试,其目的是评测学生是否达到了教学目标,学习的总体情况。目前,三种评估方式均以人工评估为主,通过测试题目、观察学习者行为、问卷、访谈等形式开展,评估内容包括主观和客观两个方面。虽然一些客观的内容可以通过问卷调查软件、数据分析模型等进行数据分析,但学习者在知情的情况下提供的数据受学习者个体因素的影响较大;而主观的评估内容更是聚集了学习者和测评者双方的主观意愿,这样的评估结果往往在数据准确性方面受到质疑,也难以为教育决策提供精准的支撑。此外,数据是教育评估的重要依据和基础,而博物馆作为非正规教育场所对评估有多维度要求,这对人工评估来说有不小的难度,致使评估数据很难足够大,进而使评估结果的说服力不足。

教育大数据是人们在教育活动过程中或在其他相关领域中自然而然产生的数据,不受主观意识主导,是一种原生态的数据。即与传统的数据相比,它更具有客观性,从而使教育评估结果更具准确性[1]。随着生物计量传感器的发展,可穿戴技术(包括腕带、头戴设备、智能手表等)逐渐能够追踪到人体的生物数据,包括压力和情绪波动等。在博物馆教育中,应用不同类型的可穿戴技术,可收集到学习者注意力、学习情绪、学习压力等方面的数据。通过摄像头捕捉人脸和手势行为,然后应用算法对人类情感进行识别、翻译和仿真的情感计算,可以解析学习者的情绪特征和社交关系,为教育评估提供数据支持。如通过摄像头捕获眼动数据,可以分析学习者的注意力类型,持续性注意力、选择性注意力、转移性注意力和分配性注意力[2],也可以判断学习者的内容偏好;对学习者学习过程中的表情,如愤怒、高兴、惊奇等表情特征识别,结合学习者当前的学习内容和学习活动类型,可以分析学习者的学习兴趣。学习者的外在学习行为表现可以通过脸部表情识别,要了解学习者的内在行为,就要检测学习者的心理状态。通过心电图、肌电图和皮肤电反应等设备,可以分析学生的心理状态变化,从而了解学生的内在情绪状态[3],这一技术有助于分析学习者对学习内容的理解程度;另外,通过脑电图描记器可以有效监测学习者的大脑活动数据,探索学习者的认知特征[4]。外在和内在数据结合,共同助力线下教育精准评估。

Altschool是学校层次上进行整体性数据采集、分析与应用的代表。它是由前

---

[1] 沈忠华.新技术视域下的教育大数据与教育评估新探:兼论区块链技术对在线教育评估的影响[J].远程教育杂志,2017,35(3):31-39.

[2] Cain J, Black E P, Rohr J. An Audience Response System Strategy to Improve Student Motivation, Attention, and Feedback[J]. American Journal of Pharmaceutical Education,2009,73(2).

[3] Calvo R A,D'Mello S,Gratch J,Kappas A. The Oxford handbook of affective computing[M]. New York:Oxford University Press,2015:204-205.

[4] 牟智佳.学习者数据肖像支撑下的个性化学习路径破解:学习计算的价值赋予[J].远程教育杂志,2016,34(6):11-19.

谷歌工程师 Max Ventilla 创办的学校，Alt 是 alternatives 的缩写，代表重新定义学校教育。这是第一家把教育教学、互联网大数据和科技结合，提倡个性化教学的微型实验学校，在教育教学过程中采用全方位数据采集和分析，成为了这所学校提供适应性教与学的重要依据和支撑。Altschool 构建了独特的信息化基础设施进行数据采集，如每间教室都有 Alt Video 系统，通过各种传感器、摄像头和麦克风采集学生行为数据，这些数据经分析后用来改进教学过程和教学系统。Altschool 还开发了 Playlist、Learning Progression 以及 Stream 等三套核心系统，Playlist 会完整展现每个学生的个性化学习项目清单及项目进展；Learning Progression 是一款教师工具，可以形成每个学生的画像；Stream 是一个辅助学校、班级、家长三个层面信息交流的平台。通过这些系统或软件，Altschool 每天都会对每位学生的课程完成情况给予及时的评价和反馈，每周要对每位学生的学习任务列表做出阶段性评价，所有这些评价结果都会实时传送给相关教师、家长以及学生本人，以便教师根据反馈的信息对学生的学习目标、个性化学习计划作出及时调整，也让家长了解孩子在学校的学习和生活状况。快速迭代的工程化思维、系统化信息技术环境支持、完整的数据采集与分析，构成了 Altschool 在精准教学管理方面的整体解决方案。可见，通过系统化数据采集，采用科学方法建立的数据模型，可以帮助教育管理者对学校和机构的管理状况进行持续动态监控和综合性评估。在数据支持下，管理者能够更容易地发现管理和教学问题，设计可能的解决方案，并追踪问题解决的成效[①]。

（二）线上教育学习情况评估

根据博物馆线上学习的对象可将学习者分为实际学习者和潜在学习者。实际学习者是指在博物馆网站上学习的人；潜在学习者是指尚未到博物馆网站学习但有可能成为其中一员，具有学习潜力并可能转为实际学习者的人。对于不同的学习对象，博物馆对线上教育评估的需求也不同。对于潜在学习者，博物馆希望通过线上平台使其成为线上学习的一员，同时掌握潜在学习者转变为实际学习者的可复制的路径；对于实际学习者，博物馆希望通过数字化技术评估，帮助博物馆评估学习者对学习形式、感兴趣的主题、学习时间等的偏好，以及学习效果，及时调整个性化的内容输出方式，对学习者进行引导式的动态管理。对所有学习者的学习情况进行数据采集和数据分析，让博物馆更了解学习者，推动博物馆教育的良性发展。

潜在学习者包含实地参观博物馆的人，以及参与博物馆线下教育活动人，他们通过博物馆的线上平台预约参观、预约参与线下活动，却不在网上博物馆学习。网上博物馆可向其推送跟预约的展项（或教育活动）相关的内容，吸引潜在学习者在

---

① 孙洪涛，郑勤华. 教育大数据的核心技术、应用现状与发展趋势[J]. 远程教育杂志，2016，34(5)：41-49.

博物馆的网上平台驻足停留,记录潜在学习者向实际学习者转变的全过程,通过大数据分析,掌握引导学习者去学习博物馆线上资源的方式。

博物馆线上教育的实际学习者跟在其他线上平台学习一样。在学习的过程中,由学习管理系统和各类移动设备所记录下来的各类海量数据,成为分析学习过程的重要来源。在大数据技术支持下,教育工作者可以根据自身的需求监测学生的学习,并通过自己设定的标准,对学生进行自动化或半自动化的评价。在数据的支持下,教育工作者可以结合自身的教学经验对学生进行诊断和干预。以 Mastery Connect 这一通过追踪学生对知识掌握程度,打造的基于掌握程度的 K12 教学管理平台为例,Mastery Connect 对教师的教学提供了全面的数据化支持,它从教师的日常工作出发,提供了数据采集、分析、呈现和基于数据的协作支持。首先,Mastery Connect 会采集包括课堂观察数据、答题卡数据、量表数据和在线测试数据在内的数据;接着,Mastery Connect 对数据进行自动化分析和可视化呈现;最后,得到分析的结果可以通过该系统分享给其他教师,教师可以在数据的基础上进行交流和协作。可以看出 Mastery Connect 对各种形成性评价提供了全面的支持,值得一提的是教师可以自行建立教学内容的结构,并为各个模块和知识点设计问卷、练习、试卷等各种测评方式,学生可以选择自己喜欢的方式完成测评,测评结果形成的定制报告,可以发送给家长[1]。

还有一些学习内容分析工具,主要分析两类问题:一是以学习过程中教师-学生、学生-学生交流所产生的内容作为研究对象,如面对面的对话、网络课程与会议中产生的文本、网上同步、异步交流等。关注学习对话,分析学习交流中话语的文本含义,关注学生知识建构过程,使研究者对学习发生的过程有更清晰的认识[2],既可以作定性分析,也可以作定量分析[3]。二是以学生学习内容本身为研究对象,如文本内容分析、多媒体内容分析等,通过对相似内容的分析、标注,发现特征相似的文本内容,从而提供更符合用户需求的学习内容,实现个性化推荐[4]。LOCO-Analyst 是运用语义 Web 技术、基于 LOCO(Learning Object Context Ontology)理念创设的可嵌入到学习平台中的分析工具,也是一款基于网络学习环境的上下文感知学习分析工具,旨在为教师提供反馈信息,帮助教师调整课程内容和结构。该工具可以记录学生的学习轨迹、平台资源使用、学习活动、参与课程、在线学习社区中学生之间互动等,自动标注学生讨论内容方便教师查看,筛选无意义内容。教师还可以查看群体和个体讨论中运用最频繁的词汇。部分数据能以图表、网络图

---

[1] Edshelf. Masteryconnect Review[DB/OL]. [2016-06-29]. https://edshelf.com/tool/masteryconnect/.

[2] Ferguson R. The construction of shared knowledge through asynchronous dialogue.[EB/OL].[2011-11-22]. http://oro.Open.ac.uk/19908/.

[3] O'Halloran, K. A. Investigating Argumentation in Reading Groups: Combining Manual Qualitative Coding and Automated Corpus Analysis Tools[J]. Applied Linguistics,2011,32(2):172-196.

[4] Clow D, Makriyannis E. iSpot Analysed:Participatory Learning and Reputation[EB/OL]. Paper presented at the 1st Learning Analytics And Knowledge Conference, February 27-March 1, Banff, Canada.

的形式可视化呈现[1]。

教育大数据研究需要大量汇集数据,数据汇集需要大量研究者的群策群力,也需要行之有效的组织机制。匹兹堡大学学习科学中心(Pittsburgh Science of Learning Center)的数据商店(data shop),是美国自然科学基金支持建立的学习科学数据库。经过十多年的建设,已经成为全球最大的学习数据分享社区[2]。数据商店具有数据存储和数据分析两大类功能:一方面,它为全球科学研究者提供安全的数据存储与共享工具;另一方面,它提供了数据分析工具和调用接口,便于分析应用。数据商店中的数据,分为公开数据和私有数据,研究者可以根据需要选择自己的数据是否要公开。数据商店中的数据,包括教学软件应用数据、在线课程数据、智能教学系统(Intelligent Tutoring System)、虚拟实验室数据、协作学习系统数据等。在数据汇集和分享功能的基础上,数据商店提供了丰富的数据分析功能,支持探索性统计分析和数据挖掘,提供 Web Service,支持远程调用,以及与 R 语言、Excel 等工具的接口[3]。

第三节　数字聚焦科学管理

博物馆管理是一个庞大的概念。如果从宏观及微观角度来看,宏观管理指国家对博物馆事业进行全局性、综合性的管理,主要是决策和实施国家博物馆事业建设和发展的方针政策、制定法规和管理体制、规划并领导博物馆事业的各项工作。微观管理是指博物馆内部的科学管理,对博物馆全部工作和各项活动有目标地进行计划、组织、实施、检查,使博物馆工作科学化、制度化、规范化、现代化,最大限度地提高和发挥博物馆最佳社会效益。本章节中笔者仅站在微观管理角度,对博物馆内部的管理进行剖析。

《博物馆基础》中将博物馆及其管理细化为 23 个方面,包括法律地位、管理体制以及管理结构、合作关系、制定政策和管理规划、制定未来发展规划、博物馆业绩评估、博物馆评价、项目管理、财务管理、改革管理、人员结构、志愿者管理、招募员工、工作业绩标准、工作评价以及业绩评估、员工培训和职业发展、行政管理流程等

---

[1] Jovanovic J,Gasevic D,Brooks C A,et al. LOCO-analyst:a tool for raising teachers' awareness in online learning environments[C]//Proceeding of Creating New Learning Experiences on a Global Scale,Second European Conference on Technology Enhanced Learning. EC-TEL 2007,September 17-20,Crete,Greece.

[2] Kiesinger B R,Cunningham K,et al. A data repository for the EDM community:the PSLC data shop[J]. Handbook of Educational Data Mining,2010.

[3] 孙洪涛,郑勤华.教育大数据的核心技术、应用现状与发展趋势[J].远程教育杂志,2016,34(5):41-49.

等①。而我国文化部颁布的《博物馆管理办法》中,主要涉及博物馆设立、年检与终止、藏品管理、展示与服务四大方面。本节将从数字化在博物馆管理方面的可发挥作用的角度进行阐释,主要包括藏品管理、国资管理、建筑管理、人员管理、教育管理、经营管理等方面。

一、提升科学管控力

(一) 建设业务数据汇集中心

理论上讲大数据技术(Big Data Technology)并不是一个纯粹单一的技术名词,而是数据处理工具和技术成果的集合②。根据现有研究,大数据主要有五个主要特点,包括海量(volume)、高速(velocity)、多样性(variety)、真实性(veracity)以及价值(value)③。有学者总结,只有真实而准确的数据才能赋予数据管理和应用真正的意义④。大数据所带来的优势主要包括:全局数据代替样本统计,结果更精确,更接近事物真相;大数据分析了解事物发展规律,并进行科学决策;高效的数据处理效率,节省大量人力,从而释放巨大产能,增加认知盈余;大数据关联人类行为,帮助进行行为分析;大数据处理及时纠错,摒除固有经验思维及惯性思维,科学决断。

在博物馆管理中,博物馆大数据平台内涵是丰富的,它可以涉及博物馆运行的各个方面,包括建筑运行数据、员工活动数据、观众参与数据等,通过建设博物馆业务数据汇集中心平台,有效整合场馆运行各个方面的信息资源,实现对海量数据的有效收集、监测、管理、分析、挖掘、共享及应用,从而充分发挥出信息资源的价值。

以上海数字景区建设为例,综合运用物联网、大数据、云计算、人工智能等现代信息技术,建立有效统一的管理、服务、营销等信息系统,实现旅游要素数字化、运营管理智慧化、旅游服务个性化,以提升景区游客体验度和满意度,实现可持续发展的文旅数字化转型。上海科技馆作为首批入选21家"上海市数字景区"的场馆,处处彰显智慧场馆的前沿应用。场馆内设置包含:① 精准客流分析系统,利用视频结构化、轨迹跟踪、生物识别、大数据分析等技术,精准监测分析展区客流密度,防止人员聚集,让参观更舒适、疫情防控更智能,同时,也能通过识别观众在博物馆中移动路线、驻足时间等数据来明确展品的受欢迎程度,以及展厅空间设计中可能存在的死角等情况,以便博物馆工作人员更好地利用空间、展品布局和动线设计;② 物联感知生物识别系统,感知场观众走动、摔倒、奔跑等姿态,如发现有异常情况,系统会通知场馆工作人员及时查看并处理;③ 智慧安防系统,烟雾报警器、红外

---

① 阿姆布罗斯,佩恩. 博物馆基础[M]. 郭卉,译. 南京:译林出版社,2016.
② 徐瑞,米汉林,王晨. 基于大数据技术的数字博物馆管理媒介模式研究[J]. 科学教育与博物馆,2022(1):21-27.
③ 中国信息通讯研究院. 大数据白皮书(2020年)[R]. 北京:2020.
④ 仇岩. 大数据时代博物馆动态观众服务体系浅析[J]. 中国博物馆,2014,31(4):68-71.

探测器、温度感应器实时联网,通过"物联感知"监测场馆环境,多方位保障场馆安全。

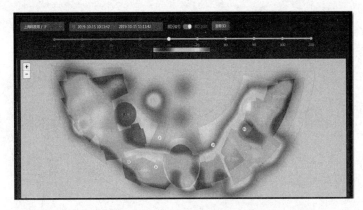

(a)

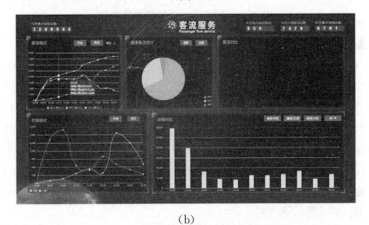

(b)

图 4.4　上海科技馆精准客流分析系统

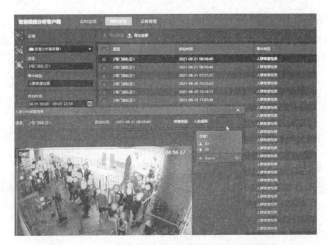

图 4.5　上海科技馆物联感知生物识别系统

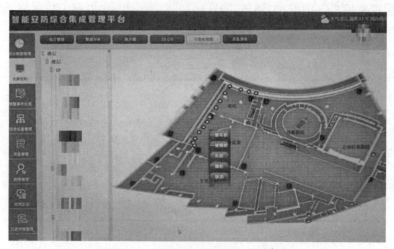

图 4.6 上海科技馆智慧安防系统

(二) 精细化管理颗粒度

随着计算机技术和网络技术的发展,现代信息技术与现代制度相结合的自动化办公系统应运而生,对部门内部协同办公,充分发挥平台作用,通过云平台数据共享,协同创新,实现办公效率的提升。目前此项技术已非常成熟且应用广泛,对制度落地、规范办公工作流程、提高办公协作效率提供了强有力支撑,逐步融合多项数字化技术手段,日益成为场馆运行不可或缺的综合性信息系统。伴随着互联网+工业信息化发展的浪潮,智能办公平台也在不断求新求变,通过技术整合能力,可形成囊括在线办公、账务关联、安全巡检、设备维护、物资盘点、物耗库存等多重功能于一身的超级管理平台。

办公平台整合物联网技术,可以轻松实现设备智能化感知运行管理,确保展厅安全。前文中已经提及,物联网即网络无线射频识别(RFID)系统,它把所有物品通过射频识别等信息传感设备与互联网连接起来,实现智能化识别和管理[1]。对于场馆中的设备设施进行人工定期巡检是非常重要的基础安全保障手段,但传统的巡检方式存在种种弊端,受限于巡检人员的自觉性、巡检路线的合理性以及巡检工作的规范性,因此依托 RFID 技术,可以做到对设备巡检的任务派发、到位检查、问题记录、信息导入,从而实现智能化闭馆管理,即可减少巡检人员的劳动强度,提高工作效率,又可以从根本上杜绝巡检不到位、记录不完善等情况,大大增强安全性、可控性。

(三) 扩大信息化支撑覆盖面

建设智慧场馆的"智慧大脑"要以物联网、大数据、人工智能、BIM 等前沿技术为依托,这其中,BIM 技术是使用信息化手段实现节能、高效的新型建筑工业化生

---

[1] AutoID Labs homepage. http://www.autoidlabs.org/.

产的有效手段,它以三维数字技术为基础,集成建设工程项目各种相关信息的工程数据模型,同时又是一种应用于设计、建造、管理的数字化技术[①]。BIM技术通过对设施的物理和功能特性的数字化表达,共享信息资源,从而为其生命周期的各种决策构成一个可靠的基础。

BIM技术的研究与应用已经得到越来越多的关注和使用,如位于上海临港新城的上海天文馆新馆的建设为现代技术在文化场馆中的集成应用提供了范例。以BIM技术实现建安工程全生命周期管理,技术支撑科普文化场馆的建设与管理的现代化。上海天文馆的建筑本身蕴含了许多天文元素,且主体建筑为了契合天体运行轨道,整个建筑没有一处直角,建设难度非常大。在工程设计阶段,利用BIM模型进行施工方案模拟分析,对设计缺陷进行深度优化;在施工阶段,利用BIM模型对项目的施工方案、进度工期、场地布置等进行模拟预演辅助现场技术及安全交底,结合无人机、SMARTGLASS智能眼镜等先进技术手段检查项目实际进度、质量、安全;在场馆日常运维阶段,BIM技术仍将发挥作用,通过雨水回收利用及生态净化处理、太阳能利用、导光管系统、地源热泵等技术,使成为生态建筑的典范。

无独有偶,作为2022年北京冬奥会北京主赛区标志性场馆的国家速滑馆"冰丝带",在智慧场馆设计方面,同样采用了此项黑科技。"冰丝带"建设应用基于BIM的智慧建造技术,使主体结构工期节省了2个月时间、减少使用钢材2800吨。通过建立数字孪生和智能化集成管理平台,集成45个子系统,将场馆的设备数据进行集中管理,数据更新速度由秒级提升至毫秒级,对场馆设施实现3D可视化分级信息浏览,点击即可获取相关设备详细信息,有效解决了场馆相关设备多样、协议复杂等一体化管控难问题,实现场馆运行数据采集、趋势研判、提前预警和分析决策的综合智慧管理。

二、增强智慧服务力

(一) 分类、分层服务

精准、智慧服务的第一步是了解服务对象,观众调查是博物馆不可或缺的工作,观众调查数据的积累是博物馆发展的基础。实施观众调查不仅能够了解不同类型观众的需求与期望,从而提供分类、分层的精准服务,提升博物馆服务管理水平。早期的博物馆观众调查采用的基本方法有问卷调查、访谈调查、跟踪观察调查等[②]。但是这些常规的调研形式存在诸多弊端,一方面需要消耗大量人力物力,另一方面还存在数据样本有限、样本随机性高、干扰因素过大、持续性不够等问题,导致无法全面、系统、持久地了解、分析与研究观众群体的特点及需求,从而使博物馆的工作质量判断缺乏依据,也使博物馆所作的努力缺乏针对性。大数据收集系统

---

① 郑华海,刘匀,李元齐. BIM技术研究与应用现状[J]. 结构工程师,2015(4):233-241.
② 单霁翔. 进入服务时代的博物馆管理[J]. 敦煌研究,2013(3):31-39.

的建立为博物馆的管理和运营提供了更深入了解不同类型观众群体的渠道。大数据收集系统是依靠多种途径和来源实现的,收集哪些数据通常取决于现阶段的科学技术手段、知识水平以及博物馆工作人员的具体需求。数据收集的方式主要包括调查问卷等传统形式;网站访问者分析、网站销售、数字博物馆、社交媒体、智能语音导览等在线形式;销售点、影院、礼物店等票务形式;物联网;访问者热图;用户流量分析;观众动线图等室内位置跟踪形式所得到的数据以及其他可能的数据共同组成[①],几乎可以穷尽一切可能。这些数据再通过算式进一步可视化后,便可以帮助博物馆工作人员发现具有共性及特点的观众群体,包括他们的个体要素、兴趣点、知识储备、认知水平、活跃程度等,继而根据真实反馈的情况对照既有教育资源,通过有针对性的调整,完善优化或重新设计开发方案,以便能分层、分类开展各类服务。

(二)基于用户画像的精准服务

广东省博物馆副馆长陈邵峰曾在一次数字经济智慧博物馆论坛上表示,"通过信息化技术获取大数据,智能化分析观众年龄层次、参观动线和逗留时间,馆方更容易掌握观众对某个文物藏品的兴趣点和喜爱度,从而更便于博物馆开发更多更好的文创产品,提升对公众的参展体验。"这一设想非常契合"用户画像模型"的构建方法。交互设计之父 A. Cooper 最早提出了用户画像(persona)这一概念,指出用户画像是建立在一系列真实数据之上的用户目标模型,是对真实用户的虚拟化[②]。随着互联网技术的发展和大数据时代的来临,在数据驱动下,可以通过挖掘用户数据背后的隐藏价值,全面了解用户需求,从而用数据刻画用户特征,构建用户画像模型,为其提供优质服务。这一方法在数字图书馆领域有较深入的研究,一般方法是针对数字图书馆用户画像的内涵及特征进行剖析,分析用户画像的数据来源及采集处理过程,提出数据驱动下用户画像数据化→标签化→关联化→可视化的驱动主路线,从自然维度、兴趣维度、社交维度,构建多维度、多层级、立体化的用户画像模型,进而将用户画像应用于数字图书馆的精准推荐、个性化检索、精准宣传以及参考决策中,以促进数字图书馆的知识服务升级[③]。

通过用户画像模型实现博物馆行业的精准服务及精准营销,同样适用。无论从宣教还是营销的角度,用户画像都能发挥重要作用,成为精准服务、精准营销的突破点。大数据时代,用户个性化学习得以实现的关键是学习资源的精准投放,核心是用户需求的精准挖掘。首先,对大数据深度画像与个性化学习理念的融合进行了理论辨析;其次,提出基于大数据深度画像的个性化学习精准服务框架,从个性化学习数据获取、个性化学习标签体系构建、学习者画像建模等多个层面深入挖

---

① 徐瑞,米汉林,王晨.基于大数据技术的数字博物馆管理媒介模式研究[J].科学教育与博物馆,2022(1):21-27.
② 库铂.交互设计之路[M].北京:电子工业出版社,2006.
③ 许鹏程,毕强.数据驱动下数字图书馆用户画像模型构建[J].图书情报工作,2019(3):30-37.

掘大数据时代用户个性化学习的精准服务需求；最后，基于大数据画像视角提出契合用户需求的个性化学习精准服务模式[①]。

随着数字化时代的蓬勃发展，各项数字化手段将与博物馆的管理产生更多的有机结合。对于博物馆而言，通过数字技术应用在博物馆管理的各个层面，将成为未来文博行业各项核心工作开展的有利支撑及重要手段。运用数字化运营模式突破传统，消除人、事、物之间的信息割裂，一方面利用数字博物馆满足不同观众的个性化需求，另一方面，也是不断改进数字博物馆的管理水平和决策能力。

第四节　数字驱动资源整合

一、推动数字化展示资源生产

（一）藏品数字化

藏品，是博物馆根据本馆的性质、任务，按一定标准有计划入藏的具有历史价值、艺术价值和科学价值，并反映自然界发展变化的规律和人类科学文化进程的历史见证物。博物馆藏品是国家宝贵的科学、文化财富，是博物馆业务活动的物质基础，因此藏品及其信息的管理就成为博物馆的基本职能。深圳博物馆馆长叶杨认为，馆藏文物的多少固然是衡量一个博物馆"家底"的标尺，但在互联网时代，如何开发这些"家底"也是考评博物馆的一把标尺。

随着数字技术与各行业的合作愈发紧密，数字技术渐渐走进人们的生活，人们享受着数字技术带来的全新体验，也期待着更多的便民体验。博物馆行业也在努力推进藏品的数字化建设，包括藏品数字化管理、藏品数字化展示、数字化藏品的教育和研究功能以及藏品数字化的标准建设，相信藏品数字化建设能给藏品的管理、展示、教育和研究带来新突破，真正让博物馆压箱底的藏品"活起来"。同时，多媒体技术的发展为藏品数字资源向公众传播提供了新手段。在未来，博物馆管理者可以实时了解每一件藏品的状态；观众可以躲开拥挤的人群、足不出户，在虚拟现实、三维全景、AR 等技术手段的帮助下沉浸式、全方位地欣赏世界各个博物馆难得一见的馆藏风采和研究成果；全球的研究人员和爱好者可以共同开展藏品研究……这些都有可能实现。

1. 藏品数字化管理

进入信息时代之前，博物馆的藏品管理采用账、卡、物对应的手工模式来管理。

[①] 刘海欧，刘旭.基于大数据深度画像的个性化学习精准服务研究[J].图书馆学研究，2019(15)：68-74.

"账"包括藏品总登记账及各类文物的分类账。藏品总登记账由院文物管理处专门负责登录，包括总登记号、收入凭证号、来源、参考号、类别、时代、品名、单位、数量、现状、附件、备注等信息。文物分类账是各类文物的登记账，内容设置与总登记账基本相同，但是文物排序的方式可能根据各类文物的管理方式有所不同，有的按照总登记号大排队，有的按照库房排序。"卡"指的是文物皮藏卡，由各类文物的保管人员制作，每一件文物对应一张皮藏卡，记录时代、作者、尺寸、收藏方位、提陈记录、伤况、客观描述等更为详尽的信息，各类文物根据其特点分别设置不同的栏目[①]。这种手工管理方式的弊端显而易见，除去工作量大、内容繁杂外，还会出现不同人员反复誊抄，导致账卡数据不一致、数据错误等情况，一旦出错还很不容易发现并改正。

随着信息技术的发展，从提升博物馆藏品管理效率和精度的角度出发，藏品管理是计算机科技与博物馆业务最初的结合点。博物馆对藏品实施数字化管理，就是利用计算机多媒体、数据库、数据压缩等技术手段，将实物藏品信息由传统信息记录介质的纸质表单等形式转化为电子数据库记录形式，使保管员能够借助高效快捷的机读管理系统开展登记编目、出入库管理、排架清点、查询服务、盘核统计、打印表单等一系列业务工作，从而大幅度提高藏品保管的工作质量和效率。简而言之可定义为：利用现代信息科技手段高效、低耗地开展藏品保管业务的工作方式或状态。博物馆对藏品施以数字化管理的意义在于快速、准确地采集文物信息，减轻劳动强度、节省工作时间，实现对藏品的动态管理、查询，加强文物存放环境监测及出入库的控制管理，提高藏品安全系数等，使藏品管理工作更加高效、灵活地进行。早在20世纪60年代，美国部分博物馆就开始尝试利用计算机处理藏品资料。到70年代初，联合国教科文组织出版的《博物馆》杂志曾开辟"博物馆与电脑"专辑，掀起了对该命题的初步讨论。1972年在英国剑桥大学的塞奇威克地球科学博物馆进行的试验表明，使用计算机为馆藏编目，平均每件藏品要花费65.5英镑，尽管代价高昂，但专家们仍然坚信这是值得的。在我国，上海博物馆于1984年率先开展计算机编目的探索，到第二年就有7家博物馆开展了这类工作。1986年，文化部颁布的《博物馆藏品管理办法》提出："为加强博物馆的现代化建设，各地博物馆可根据本馆经济及人才条件，逐步使用电子计算机管理藏品。"1995年计算机软件的视窗操作系统问世，有力地推动了计算机应用的普及，并刺激信息科技高速发展。随着软硬件和网络环境的不断改善，设备性价比的快速提升，发展到信息化时代的今天，藏品管理数字化在博物馆界已经成为比较普遍的现象[②]。故宫博物院的藏品数字化工作始于1998年。这一年故宫资料信息中心着手从建设文物管理系统和文物影像数字化方面开展藏品数字化，这项工作是由故宫与中国科学院软

[①] 石秀敏. 故宫博物院的藏品数字化管理[J]. 中国文物科学研究,2017(4):38-43.
[②] 陈红京. 博物馆藏品数字化管理十讲[M]. 上海:上海交通大学出版社,2019.

件研究所合作推进的,将藏品描述信息及影像信息进行数字化管理,并建立了藏品信息数据库及影像资源库;2007年,在完成文物收藏方位信息采集的基础上,建成了文物流通与出入库管理系统,实现了文物提用与出入库业务的全信息化流程管理;2015年,建成文物修复管理系统,文物修复流程、文物修复档案得以规范化管理,提升了文物修复管理工作的效率和质量①。

2. 藏品数字化科普服务

(1) 藏品数字化展示

在博物馆实体参观的模式下,观众想要观赏藏品,只能在举办相关展览时进入展厅,并且可能需要在某件展品外围排队等候一段时间,才能远远地或隔着罩子欣赏。而博物馆展出的藏品往往是在藏品得到有效保护的基础上,再考虑展示形式。在这一基调下布置的展览往往使藏品的展示受到诸多限制,使观众与展品之间存在极大的距离感,导致展品的吸引力差、观众参与度不高等。然而,即使在牺牲展示效果的情况下,一些受环境影响较大的文物也不能得到充分的保护,所以大量的文物精品只能藏在库房中难见天日。近年来,国内很多博物馆都开始重视藏品数字化展示的建设,一是藏品数字化能够有效地减少实体藏品的利用次数和藏品损耗损坏的概率,定格它们最光鲜亮丽的一面;二是使藏品360°无死角地呈现在观众面前,并且通过多媒体手段辅以文字、动画和语音解说,帮助观众全面认识藏品,扩大了藏品的科普效益。数字化的藏品成为博物馆与公众沟通的载体。由此,藏品突破展示、时间和空间的界限,使公众随时都能与博物馆保持联系。

事实上,博物馆藏品数字化展示形态的出现是数字技术兴起和人们追求文化资源共享的共同作用结果。首先,从世界范围来看,博物馆藏品数字化展示不是一蹴而就的,它经历了一个较长的发展过程。20世纪中后期,伴随着计算机、互联网等数字技术的兴起,世界各国的博物馆开始逐步重视数字资源建设,加拿大的遗产信息网络(Canadian Heritage Information Network)、欧洲的虚拟博物馆(Europeana)、日本的全球数字博物馆计划(Global Digital Museum),以及我国的数字故宫、数字敦煌等博物馆数字资源建设的实施,拉开了博物馆资源通过数字化展示的序幕。故宫于1998年提出"数字故宫"的概念,"数字故宫"是对故宫博物院整体数字化的称谓,其中最具价值的是藏品数据,包括超过100万件藏品、典籍的档案数据,大量高清晰度的文物和建筑图片及相关的音视频数字资源。

但是,受到当时技术发展条件的限制,这一时期采集的博物馆藏品数据的广度和深度都非常有限,既不能包含博物馆的全部藏品,也不包括博物馆藏品的高清图片、档案资料等,难以实现为教育、研究、欣赏服务的目的。

进入21世纪后,大数据、云计算等新一代网络技术迅速发展,给博物馆藏品数字化展示建设带来了无限的可能,越来越多的博物馆积极推动藏品资源数据的采

---

① 石秀敏. 故宫博物院的藏品数字化管理[J]. 中国文物科学研究,2017(4):38-43.

集与加工。中国于2012年开展第一次全国可移动文物普查,普查对象是博物馆、纪念馆等文物单位的在账馆藏文物,普查内容涵盖文物名称、年代、外形尺寸等基本信息,也包括保存状态、质量等保存管理状况。历时四年的普查工作,不仅摸清了国有可移动文物的家底,也极大地提升了中国博物馆数据资源建设的水平。

与数字技术进步和数字资源建设的进程相比,博物馆对数字资源开放共享的意识明显迟缓。博物馆出于知识产权、商业利益等的考量,选择只公开少部分藏品的数字资源,一些具有较高应用价值的藏品数据和资源或只向馆内人员开放,或要求使用者通过付费获取授权的方式获取藏品资源。然而随着藏品数字化建设和数字资源开放之间的矛盾愈演愈烈,人们对"共享经济"的呼声越来越高,博物馆最终选择与全社会共享数字资源,让珍贵的文物发挥被更多人看到的功能。2012年,荷兰阿姆斯特丹国立博物馆(Rijksmuseum, Amsterdam)开放了一个电子工作室网站,公开了超过15万件藏品的信息,供观众在线搜索、浏览、创建专题,还可以下载到本地,甚至进行再创作;2020年2月,拥有174年历史的美国史密森尼博物学院(Smithsonian Institution),首次向公众公开280万幅进入公有领域的藏品高清图像,并向社会宣布这些进入公有领域的图像可任意使用,没有限制,随着藏品数字化工作的进展还会发布更多的藏品影像①。大多数博物馆展示的数字化藏品的信息一般只是藏品的元信息,如藏品的名称、年代、尺寸、材质、简单的外观介绍等,以及藏品的部分特征描述,但所提供的信息量不大。呈现数字化资源的简要信息只是藏品数字化过程中的一部分,数字化藏品要真正满足博物馆和观众的需求还有很长的路要走。

(2) 藏品数字化科普传播

目前,数字化技术在各领域中的应用越来越广,但国内藏品的数字化建设大多都还停留在对藏品基本信息的数字化形成的过程,向公众开放的只是一些藏品的基本信息和图片资源。这个阶段的藏品数字化只是完成了藏品的线上呈现,满足了一部分观众(发烧友)近距离欣赏珍品的需求,但大多数观众尚不能仅仅从高清图片中理解藏品之所以成为藏品的原因。从博物馆科普教育的角度来说,以"教育、研究、欣赏"为目的的博物馆,其藏品数字化不能仅仅止步于对藏品基本信息的介绍,还需要从教学方法、心理学及教学方式上多下功夫,循序渐进地引导观众了解藏品内涵。比如更多的公众感兴趣的是藏品背后的故事,博物馆可以以藏品背后的故事为出发点,充分运用全新的数字化手段,将附着于实体藏品上的显性和隐性的信息以图文或多媒体形式,用科学与艺术结合的方式向观众深度解读藏品。而藏品背后的故事、藏品相关的资料都建立在研究人员对藏品深入研究的基础上。因此,各大博物馆都在努力借助创新藏品的展示方式,给观众带来更多新奇的体验与感受,不断丰富藏品的数字化资源,更多地满足观众对自主学习、深度学习的需

---

① 李晨,耿坤.关于博物馆数字文化资源开放机制建设的讨论[J].中国博物馆,2020(2):31-39.

求,保持观众对博物馆好奇心。

2019年故宫博物院官网上线了数字产品"数字多宝阁"和"故宫名画记"项目。这些数字产品展示了故宫数字化之路的阶段性成果,是"数字故宫"基于20年发展的厚积薄发,也是博物馆数字化的实践探索。"数字多宝阁"利用高精度的三维数据展示文物的细节和全貌,观众可以直接在电脑或手机上拖拽藏品三维模型,360°查看文物局部细节,甚至能够清晰观赏到平时在展厅里也无法亲见的文物背部、底面、内部,以及详实资料,并辅以文字和动画解说,满足观众对藏品的好奇心与求知欲。如清代碧玉龙纽"武功十全之宝",这件玺印在拍摄时,共取其十五万面对文物全方位拍摄,从网站上可以清晰看到文物的细节,甚至是雕刻线条里的灰尘。

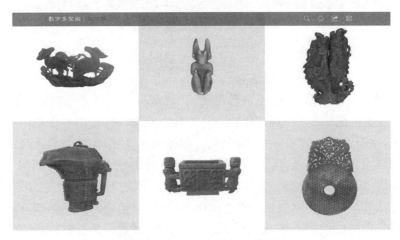

图4.7 数字多宝阁官网分类界面

"故宫名画记"是故宫博物院官方网站下的中国古代绘画高清大图鉴赏项目,主要提供故宫藏中国古代绘画珍品的高清大图欣赏和多媒体导览内容,具有超高清数字影像的无极放缩功能,而且可以智能适配各主流终端和浏览器,目前可浏览《清明上河图》《千里江山图》等629幅经典名画。点击画作会弹出"藏画介绍"对话框,显示画作的通俗易懂的基本介绍,兼具科学性和科普性,并附有相关文章链接,观众也可以标注、点评、收藏和分享画作。另外,名画记还不断通过标注添加音视频、相关论文等资料充实研究成果和多媒体鉴赏内容,以满足不同层次的文博爱好者在传统书画艺术审美、学术研究等多方面的需要。"故宫名画记"能让观众用更精细、更全面的方式一览故宫藏画,还能通过标注、点评、收藏,建立自己的"私人藏画馆"。从博物馆教育的角度来说,"故宫名画记"提供给观众足够详实的藏品资料,真正实现了观众与藏品的"零距离",并且在内容和功能上引导观众自主学习。

美国保罗·盖蒂博物馆(The J. Paul Getty Museum)拥有大量珍稀馆藏,为满足观众、研究人员的不同需求做了大量的在线数字资源建设工作。该馆藏品除具有详尽的基本信息、多视角图片及多个清晰度的下载途径外,值得一提的是他们将展览、藏品及其相关的文字、影像、音频和视频等补充信息充分关联起来,形成一个

图 4.8　故宫名画记操作示意图

数据关系网络。用户在浏览任意一件藏品信息时都可以获得系统推送的同年代、同类型的作品信息和相关展览信息①。

　　如何做到让观众喜欢、让观众看得懂、让观众有所思考,一直以来都是博物馆教育要解决的问题。上海博物馆网站的"每月一珍"板块,在内容表现形式上,力求图文并茂,将专业的论述可视化、普及化。如运用了文物的 X 射线透视图、三维扫描模型等说明其制作特点,运用同类器物的细节类比等解释其发展渊源。同时,充分发挥多媒体综合传播的优势,使文物"动"起来,调动观众的多感官来接收信息,达到充分认知。如以动画展现双管瓶的内部结构、外销瓷的贸易路线,以三维动画的形式演示牺尊的使用方法、铸造方法。更为难能可贵的是,该栏目还在一定程度上尝试了使观众可以在多种形式、不同观点的立体维度中建立对博物馆藏品的自我认识,真正形成参与型、思考型的学习习惯,比如在介绍有争议议题时,将多种论点一并呈现,供观众参考思考②。

　　3. 藏品数字化助力藏品研究

　　提到博物馆的研究,大家想到的可能都是专业人员进行的实物研究。但随着数字技术的迅猛发展,人们对藏品研究的认识也有了新的视角:一是博物馆的藏品应让公众都有发言权,而不仅仅是专业人员从主流视角的解读;二是博物馆的藏品研究可以在采集到大量的数字资源的基础上进行,如当我们采集了藏品大量的二维、三维甚至是全息的数字图像数据时,针对藏品的数字分析和研究就有了坚实的基础;三是藏品的研究成果可以以人们容易理解的可视化的方式呈现。

　　但人们通过网络看到的大多数藏品,它的信息只包括藏品图片、名称、尺寸、类别等简要信息以及相关资料的汇总,真正的藏品研究资料,则鲜少向公众公开。这

---

① 刘芳. 博物馆藏品数字化标准发展及应用现状研究[J]. 博物院,2018(1):103-110.
② 刘健. 对博物馆数字化建设中几个常见说法的质疑和解惑[G/OL]. https://mp.weixin.qq.com/s/VVSsgqOpotyXwsOQoTgGVw.

可能有以下几方面的原因:一是对大部分藏品的研究暂未形成完整的研究资料;二是研究人员尚未将研究资料整理成网络数字化展示格式,这主要是因为藏品基数大,且针对不同的藏品研究资料整理及所要呈现的方式也不同,要耗费很多时间和人力。说到底,就是我们对藏品的研究还没有做到位,无法向观众全面、彻底地呈现每一件藏品的内涵信息、学术研究信息等,然而这些信息都需要经过一番广泛的研究后才能得到。而藏品数字化在一定程度上推动了藏品研究的速度和精细度。

上海科技馆馆长王小明在 2020 年第三届文化和科技融合热点和趋势论坛上发表的题为"数字技术重塑场馆的知识体系"的演讲,指出数字技术可以提升藏品研究的精度和应用的水准。比如:特拉维夫大学的研究人员利用显微 CT,发现 6600 万年前的鸭嘴龙的尾部骨骼化石中有与人类肿瘤相似的病变外观;四川省沐川县朱鹮繁育中心,通过 3D 打印技术为朱鹮安装人工假喙,这些都可以为社会、教育提供帮助。

2016 年美国新媒体联盟"地平线报告"谈到最有可能影响今后五年博物馆教育的六种重要技术时,第一个提到的就是"数字人文"。目前,学界尚未有统一的数字人文的定义,台湾大学项洁教授认为"数字人文"指的是那些惟有借助数字科技方能进行的人文研究[1]。

2018 年,上海博物馆在国内博物馆界率先实行了数字人文项目的实践,这一项目依托上海博物馆丰富的藏品资源和雄厚的研究基础,试图打通藏品基本数据和研究数据壁垒,试探以数字化技术辅助传统的器物研究。该项目以明代著名书画家董其昌藏品的高清图像数据及其相关数字资源为基点,梳理鉴藏、交游、教育、传承等多个人文脉络,同时以西方艺术的发展作为参照物,围绕着文人活动这一中心,在数字人文方法上以社会网络关系和历史地理信息作为两个主要立足点,辅之以人工智能技术的应用,从相关的收藏、艺术流变、人际关系等多个层面,依靠数据关联和量化分析,以可见的形式展现与董其昌相关的时、地、人、事。其中的董其昌大师作品年表板块对董其昌的家族世系、字号、籍贯等作了考证,并将其放置在明代历史变化的进程中,同时以西方历史与艺术的发展作为参照,以此来揭示董其昌书画创作的发生、变化和兴盛的过程。在可视化工具的呈现下,与董其昌相关的数据得到了有效的组合,并被赋予了新的视角,满足了观众在数据中寻求发现的欲望,在一定程度上给大众参与藏品研究奠定了基础,同时给专业人员提供了研究的新思路和新平台。在对董其昌书画作品数字图像本体分析的基础上,进行一些文献与画作之间对照关联,进而形成画样元素的样本模型,以此来实行一些相关的研究和展示[2]。

4. 藏品数字化标准建设

藏品数字化给博物馆的管理、展示、教育、研究等都带来便利,但我们也不得不

---

[1] 项洁. 导论:什么是数位人文[G/OL]. http://thdl.ntu.edu.tw/thdl_pdf/book1.pdf.
[2] 刘健. 博物馆数据可视化的探索与实践:以上海博物馆数字化建设为例[J]. 博物院,2019(2):91-97.

直面藏品数字化中存在的问题,比如我国藏品基数大,要将其逐一数字化,需要漫长的时间;要发挥数字藏品的教育和研究功能,需要研究人员精耕细作,输出高质量的信息资料,同时需要科普工作者、技术人员等多方参与,通力合作;另外,各博物馆根据自身需要建立不同的数字化标准,在一定程度上阻碍了藏品的跨馆、跨界、跨库合作等等,这些都制约最大化发挥藏品的资源共享功能。

刘芳认为,"藏品的数字化建设,归其功能主要包括两个方面,即面向内部的登录与管理,以及面向公众的研究、展示和教育。"[①]对于"面向内部的登录与管理功能",博物馆可根据本馆的具体情况建设各具特色、适合自己的管理系统,而且经过多年的数字化建设,博物馆已经形成相对比较成熟的藏品管理机制。而"面向公众的研究、展示和教育功能",虽能满足功能需求,但考虑到跨馆、跨界、跨库的信息查询需求,则不具备通用性,无法有效的实现藏品信息共享,因此,建立藏品数字化标准显得尤为重要。

博物馆藏品数字化标准即在博物馆领域内,被大部分机构接受并被参考和学习的数字资源作业规范,有较高的开放性、可操作性和集成性。20世纪90年代后,随着各国文化资源交流和共享需要的不断深入,形成了数据结构、数据数值、数据内容和数据交换四套标准作为国际博物馆藏品数字化标准规范的重要组成部分,并逐步形成较为完善的规范体系。相比之下,我国博物馆数字化标准规范建设起步较晚,但已经引起相当的重视。国家文物局于2001年制定了《博物馆藏品信息指标体系规范(试行)》,"从信息分类与指标体系、指标编码方法、指标内容参照标准、指标类目名称及代码、指标项著录规则五个方面进行规范,除核心指标项作为强制执行外,其他为推荐执行"[②]。2014年,科技部批复设立了"文物数字化保护标准体系及关键标准研究与示范"项目(项目编号:2014BAK07B00),该项目所制订的文物数字化保护标准框架,覆盖文物数字化分类体系的全部类别和生命周期的各个阶段,是现阶段较为全面、具权威性的标准规范;设计了多维度的文物分类主题一体化词表,填补了我国文物数字化工作中缺乏统一的、基于知识层面的分类体系和数据值标准的空白。2020年,北京市文物局公开征求北京市地方标准《文物三维数字化技术规范器物》意见,该标准从器物三维数字化的基本要求、技术方法、数据采集、数据加工等方面切实规范馆藏文物三维数字化工作。相信随着博物馆藏品数字化建设的实践和研究的不断深入,我国及世界范围的标准规范建设将愈发成熟。

(二)展厅数字化

数字化转型的背景下,博物馆中的数字展项也成为展览的标配,推动博物馆数字转型升级。在《上海市关于促进文化和科技深度融合的实施意见》提出十二项重

---

① 刘芳.博物馆藏品数字化标准发展及应用现状研究[J].博物院,2018(1):103-110.
② 国家文物局.博物馆藏品信息指标体系规范(试行)[M].北京:文物出版社,2001.

点任务和四项保障措施,进一步促进文化和科技深度融合,推动文化产业的发展。文件提到:加快推进公共文化场馆数字化、智慧化建设。推动公共文化场馆"无接触服务",倡导公共文化服务"数字无障碍"。开辟文化新技术应用场景。推动博物馆、美术馆、图书馆、剧场等文化场馆数字化转型。

1. 数字化的线下展厅

对于传统博物馆而言,安身立命的根本是独具特色的实物展品。但如今,博物馆的展品却不一定是实物,展示方式也不局限于静态。一方面,现代博物馆的经营理念从传统的"藏品中心"转化为"观众中心",从以保管和研究为主转向以展示教育和社会服务为主,这表明博物馆不止是一个物的存放所,更是一个为人的社会生活服务而存在的公共文化机构;另一方面,数字技术的发展在潜移默化中改变着人们的认知和生活习惯,也会改变博物馆及博物馆人的思维方式和工作形态,让博物馆的展品有更多样的呈现方式,多感官、强交互、沉浸式的观展体验,智慧化的管理,都是博物馆对数字化时代的积极回应。

2015年,"'不朽的梵高'感映艺术大展"巡展到中国,展出3000余幅梵高名画。与以往画展"只能眼观"的形式不同,"'不朽的梵高'感映艺术大展"采用了最新的SENSORY4感映技术,利用多路动态影像、影院级环绕音响和40多个高清投影,让观众置身一个完全由梵高作品组成的空间之中。巨大的高清投影屏幕将梵高作品以投影方式"放大"几十倍,令观众可以细微体会作品的细节。除了巨大的幕墙,现场还有连环巨幅屏,动静态画面无缝切换,让梵高名画在现场交响乐衬托下"动起来"。

2016年,"印象莫奈:时光映迹艺术展"来到中国,突破传统画展只能展出寥寥数幅大师之作的限制,借助世界最前沿的数字成像技术,该展"复活"了400多幅莫奈的经典名作,被誉为"全球最大的莫奈作品展""一座流动的莫奈博物馆"。

400余幅画以流动形式在高清巨幅屏幕上循环播放,展示了莫奈艺术的一生,观众可以从中了解到莫奈从绘画生涯起步,到结识美术巨匠们和人生伴侣卡米尔的过程,鉴赏莫奈不同时期创作的画风各异的作品系列。流动的画面、灯光、音效等结合,将印象派绘画的光线和色彩的优势放大,画面跃然而出,仿佛带观众回到了百年前,用莫奈的眼睛,看他的世界,进入他编织的美丽幻境。例如在名作《睡莲》中,可以看到莲花的开合以及湖水的涟漪;通过虚实结合的手段,以平行3D的形式重现莫奈打理将近40年的私人花园——诺曼底园;以全息投影技术重现莫奈的系列绘画中享有盛名的《鲁昂大教堂》。另外,在本次莫奈展中,观众还可以将自己的背影投映在莫奈的画作里,形成独特的视觉体验。

越来越多的大师级艺术展览使用了数字化虚拟展览的形式,是一时兴起?还是艺术的消遣或是哗众取宠的手段?其实恰恰相反,仔细研究这些数字化虚拟展览会发现,它们并不只是对实体展览的简单复制或数字还原,而是在对实物资源进行深入的挖掘和研究的基础上,通过数字技术将高雅艺术以普通观众能感知、能共情的方式再表达,是对实物展览的重塑。对研究者而言,实物展览数字化便于其对展览进行多视角、全方位、可拓展的研究;对观众而言,是博物馆迎合其鉴赏能力的途径之一,是将艺术走近大众生活、提高全民艺术素养的方式之一。此外,在数字化虚拟展览的深入解读和诠释的基础上,也会带动观众一睹艺术作品实物的热情。

然而,也有一些线下展览并没有实体展品,有的只是空间和艺术展现形式的结合,但却让艺术的表达更自由,也给观众留下更多的思考空间。

2017年,"teamLab无界"(teamLab Borderless)展变幻莫测、缤纷而落的花朵,洒满"苍穹"的星星点点、色彩斑斓、肆意变化的灯光,甚至周围的景象会根据人的行为变化而变化,仿佛置身于灵动、缥缈、超脱现实的奇异空间。与以往的艺术展不同的是没有画框、没有实物展示,艺术品与展览空间的界限不复存在,艺术不再凝固在墙上被墙面束缚,它是流动的、无边界的。teamLab是一个全然数字化的梦幻之境,改变了人与艺术作品之间的关系。

teamLab的作品是艺术与科技的创新融合,以光线、声音、视频、数字序列、虚拟现实等技术手段使得艺术从物理的限制中解放出来,并且超越边界。通过在观众和艺术品之间建立实时互动关系,使观众成为艺术品的内在组成部分。teamLab的创始人猪子寿之表示希望通过数字技术将艺术拓宽,通过数字化的概念去拓展人类的表达。

在teamLab的标志性作品"花舞森林与未来游乐园"中,利用实时计算的技术呈现季节交替下的花海,根据观看者的行为变化花朵呈现出诞生—生长—开花—凋谢—死亡的生命周期。若观众停止不动,附近的花朵就会持续生长并绽放;若观众踩踏花朵,花朵就会凋谢。但呈现的景象并不是预先制作后的循环播放,而是由电脑程序根据观众互动产生的实时反馈。每一朵花都是独一无二的,一旦凋谢就不会再重生,用花朵的生命历程牵动观众情绪,用科技让观众感受生命的神奇。基于实时计算技术,teamLab每一幅作品都存在于一个特定的时空里,展现着一个哲学世界,将人脑中的创意、思想、情感等串联起来,以一种直观、强烈、纯碎的视觉影像传递给观众,实现刹那间的共鸣。科技、哲学与艺术在teamLab的作品里碰撞交织,让人们以全新的角度发觉生活和生命的美好,认识到个人主体存在于世界中的价值。

2. 数字化的线上展厅

2020年突如其来的疫情,使许多博物馆被迫闭馆,幸运的是,互联网时代,万物皆可"云"。国家文物局于2020年2月发布《关于新冠疫情防控期间有序推进文博单位恢复开放和复工的指导意见》,"鼓励各地博物馆利用数字资源,通过网上展览、在线教育、网络公开课等方式,不断完善展示及内容,提供优质的数字文化产品和服务。"各个博物馆争相通过开设线上展览、直播等形式提供线上服务,一时间,掀起了云逛展的热潮。

2005年前后,随着"数字博物馆"概念的提出和信息技术的发展,作为"永不落幕的博物馆"重要组成部分的线上展览开始出现。疫情期间全国能迅速推出众多的线上展览,也是多年来数字化技术发展的成果。

纵览国内博物馆的网站,线上展览多运用 Web 3D 技术、三维数字展示、5G 360°VR 全景直播、全景视频等先进手段,优化细节观览、故事阅览、语音导览、互动体验等虚拟参观方式。比如博物馆展厅常用的三维实景漫游技术,直接在真实场景中取景,是利用基于高清图像构建的三维虚拟实景,通过 javascript 脚本语言不仅还原真实的展示场景,还能实现全方位、互动式观展。在实际应用中,还可以在虚拟展厅中加入图片、音频、文字、文物三维展示等多种信息载体,使观众既可以获得展览的整体认识,也可详细地了解某个细节的拓展内容。Google 借助谷歌街景视图技术,通过"街景手推车"在博物馆奔走,360°实景采集博物馆全景。观众除了可以自由地在虚拟的博物馆展厅内遨游外,还能看到普通的人类视觉无法察觉到细节的高分辨率艺术作品。

还有一种全景视频技术,可以在拍摄角度上下左右 360°的任意角度观看动态视频,它是在 720°或者 360°全景的技术之上发展延伸而来的。全景视频将静态的全景图片转化为动态的视频图像,这让它不再是单一的静态全景图片,而是具有景深、动态图像、声音等包罗万象,同时具备声画对位、声画同步,让我们有一种真正意义上身临其境的感觉。

正是这些技术让云逛博物馆大热,而博物馆工作者更应冷静思考,线上展览是疫情这个特殊时期的自救手段,还是博物馆行业应顺势发展的趋势?总体来看,疫情期间的线上展览大多是把博物馆实体通过数字技术手段原原本本搬到了线上,从自救的角度来看,这些线上展览通过虚拟技术手段将线下展复制到线上,无疑是取得了阶段性胜利。但随着疫情的常态化,线上展览要走出自己的特色,除了需要强大的技术支持,更需要对线下展览进行扎实的研究、挖掘、解构,重新梳理后再策划,在此基础上,对展览进行拓展、延伸,甚至是再创作。线上展览产出的过程也应是对线下展览内容的再生产,因此,博物馆也应借势让线上展览散发更多的热量、绽放更多的精彩。

从展览内容呈现的途径来看,线上展览的最大优点是便于观赏,其实线上展览的核心优势是对展览的解读。这主要体现在两个方面:一是在线下展览全部的数字资源和数字技术手段的支撑下,线上展览对实物资源进行的科普化的再次解读,引导观众发现问题,根据线上展览提供的线索和查询路径,通过观察和研究解决问题;二是线上空间本身具备的强大的数据聚集和数据关联功能,使博物馆的线上展览让观众可以通过相关性数据的比较进行深入的研究,比如观众可能在线上展览提供的看似杂乱无章的数据中,经过观察、比对、互动后达到探索、发现的目的。

例如,2017 年上海博物馆制作的"遗我双鲤鱼:上海博物馆藏明代吴门书画家书札精品展",线下展是由 49 封书札组成的小型展览,而它的线上展以数据可视化为突破口,利用互联网的多元化特点,通过关键词入口和人物关系入口展现明代文人及其书札作品的多面性。关键词入口是从书札中选取贴近生活的词语做成"见字如面",人物关系入口则是与此次书札展涉及的人物的关系网络图相连而成,名为"云中谁寄锦书来"。"见字如面"版块是源于词频分析方法而形成的设计思路,它摘录书札中直白有趣的生活情景的用语,如"缺银两""放鸽子""下午喝一杯"等作为关键词制作互动页面,引导观众自主选择,点击进入具体的藏品页面,以便进一步欣赏,这种碎片化的阅读方式,也是网络阅读所特有的优势。"云中谁寄锦书来"则是网络关系矩阵的一种视觉化表现。线下展中应用了策展人手绘和注释的人物关系表,而线上展突破线下展以线性表达的人物关系图的不足,通过数字技术去解构学术,从而实现更美观通俗的表达。除此之外,"遗我双鲤鱼:上海博物馆藏明代吴门书画家书札精品展"线上展,以李清照《一剪梅》的词意对应吴门文人灿若星空的意向,构建了一幅可视化的互动关系图。在页面上,每一颗闪烁的"星星"都代表着一位文人巨星,点击"星星"便可一键走进明代吴门文人的生活交游圈,阅读他们的私人通信,得见他们有血有肉的日常生活。互动关系图以文徵明为核心表现对象,展现所有人物的主要关系,并可视化为星空结构。星空图通过位置排列、色彩变化和球体大小等可视化元素,反映各种人物间的关系类型、疏远亲近,即能充分利用"图像诠释"的功能,更为直观地展现吴门艺术发展变化的生态空间[①]。

二、利用载体多元化,打造更有趣的博物馆

提到博物馆,大众的普遍印象是严肃的、庄重的,但如今的博物馆也是一个非常重要的科普教育传播平台,博物馆也希望馆内的资源可以被更多的观众所关注。随着新媒体和数字技术的发展,博物馆也渐渐意识到"内容为王"固然重要,创新传播形式、让博物馆在信息流中被更多观众看到同样重要。如今,借助大数据和数字化技术的红利,博物馆积极拓展"朋友圈",和大众常常使用的直播、短视频等平台合作,创新博物馆资源的呈现形式,用黑科技、用新奇的观展方式让博物馆走近更多观众的视野,也让观众看到博物馆有趣、好玩的更多面。以后的博物馆很多时候可能就是起到一个平台的作用,一个借助"外力""掀开博物馆的屋顶"呈现博物馆内在丰富资源的跨媒体平台。

然而,在数字化时代,博物馆不仅要海纳百川,更要在跨界合作和创新传播形式下始终保持自己的个性和特色。为此,对内博物馆需整合资源丰富内涵,将科学内容通过艺术化形式呈现,重构观众体验;将科学与人文相结合,重构展览的叙事逻辑;用技术手段诠释科学内涵,重构表达方式。对外,博物馆通过跨界、跨平台合作,输出新内容、拓展外延,重构科普业态。博物馆资源的多媒体转化让科技与文化深度融合,让科技和科学知识有温度。新媒体时代,人人都是知识源,是知识的制造者和传播者,博物馆掀开屋顶、敞开大门,期待不同视角的诠释、不同理念的碰

[①] 刘健.博物馆数据可视化的探索与实践:以上海博物馆数字化建设为例[J].博物院,2019(2):91-97.

撞、不同资源的共享,进而带给观众别样的博物馆体验。

(一)短视频为博物馆打开一扇窗

2016年9月20日,短视频社交软件抖音上线。通过抖音App可以分享自己的生活也可以了解各种奇闻趣事,这种短视频的娱乐方式立刻受到人们的青睐,瞬间风靡全国,占据着大部分人的碎片化时间。到2018年,仅仅两年时间,抖音用户量就突破了1亿。对于博物馆,不仅是馆藏等教育资源"博",也要受众"博"。将博物馆的馆藏、特色展项、精品活动等通过短视频进行传播,提高博物馆的曝光度,有效拓宽博物馆的受众,也让观众可以不限时间和空间的高清、"近"距离接触人类文明的精粹、科技进步的成果。

2021年5月18日,在第45个国际博物馆日之际,抖音发布首份博物馆数据报告。报告显示,截至2021年5月,抖音上博物馆相关视频数量超过3389万,播放超过723亿次,获赞超过21亿。故宫博物院相关视频被抖音网友点赞近2.4亿次。在最受关注的文物藏品方面,《清明上河图》《蒙娜丽莎》《最后的晚餐》《戴珍珠耳环的少女》《千里江山图》等入选抖音最受关注九大名画。抖音上丰富的博物馆资源能激发人们对博物馆的兴趣,进而提高对博物馆的关注度。博物馆和短视频的合作为博物馆打开了一扇窗,通过这扇窗让博物馆被更多人看到,观众通过这扇窗了解博物馆、走进博物馆。

(二)直播,"掀开"博物馆的屋顶

从游戏直播到电商直播带货,直播慢慢走近我们的生活,显而易见的便利,让观展、旅行、教育、会议等都加入到直播的队伍。2021年,中央广播电视总台新闻新媒体中心联合国家文物报社和哔哩哔哩推出"云讲国宝"活动,以广大青少年受众为主体,深入挖掘蕴含文化精髓和时代价值的文物,以网络微视频和网络直播为主要传播形式,将"云讲国宝"打造为兼具讲解比赛和网络综艺节目双重属性的文物传播知名品牌,成功引导全民"云参与"共赴国宝传承盛宴。直播活动以"云录制、云连线"的形式播出,通过"云"模式连线多地博物馆,让来自世界各地的UP主与讲解员隔着屏幕与主持人、嘉宾齐聚一堂,全景式呈现文物故事与魅力。最终,微博平台#云讲国宝#话题阅读量达6798万,讨论1.4万,掀起了国宝讨论热潮。从传播学的角度来看"云讲国宝"大热,大众传播可能无法影响人们怎么想,但可以影响人们想什么。传播学"议程设置理论"认为,公众对周围世界中事件的判断和了解程度,主要来自大众传媒对事件的报道和版面安排等。文物是以静止的物的形式存在,主动收看文物被解读的本是一个小众群体,但由于它的"国宝"属性使它自带粉丝和吸引力。再说哔哩哔哩(简称B站),提到B站,大家想到的都是好玩、有趣、年轻,其实B站也是年轻人学习的阵地之一,2019年,用户在哔哩哔哩直播学习时长突破200万小时。2020年8月,B站活跃用户突破2亿,其中大部分用户在25岁以下。文物和年轻群体,一静一动,一个底蕴厚重,一个朝气蓬勃,他们在一起会擦出什么样的火花?大众视角下是否会有新奇的诠释国宝的角度?跨界融合时,被关注的点不仅仅是文物本身,还有跨界带来的理念的碰撞、内容的重新整合,让文物解读这件事变得更丰满、更有温度。

(三) 有声,感受博文跳动的韵律

博物馆与新媒体的合作,让博物馆的展品展览资源和教育活动资源有了更多的展示形式。上海科技馆的微信公众号每周都会发布科普文章,包括"医生说""航天""主题日""上海科技成就""智慧城市"等系列,捕捉热点事件并在第一时间以图文或视频的形式将科学发现、晦涩生硬的知识科普化,科普作者撰稿+行业专家审核的模式让这些科普文章的趣味性和科学性都得到保障。音频分享平台喜马拉雅来到科技馆寻求合作,希望将上海科技馆微信公众号发布的科普文章转化为有声读物,让受众在开车、做家务等不方便阅读的场景可以用"听"的方式学习。科技馆和喜马拉雅的跨界合作,于科技馆是拓展教育资源的呈现形式,于喜马拉雅是扩大了资源内容的范围,于双方是共享二者平台的受众,拓宽彼此的受众面,达到"1+1"远大于2的效果,因为最终的受益人还是获得知识的大众。博物馆和企业的跨界合作,不只是就某件事的合作,也是双方工作理念、思维方式的碰撞,更是双方资源的共享,这些在丰富博物馆的形象和给博物馆人带来的思维方式的转变是无可估量的。

(四) 电子图文,提高博物馆说明文字的可读性

博物馆展览中的图文不仅起着体现展览主线、展示脉络的作用,也聚焦单个展品的详细介绍及具体科学内容,在帮助观众深入理解展品展项背后的故事及科学内涵方面发挥着重要作用。相比影片等多媒体手段,图文给观众提供自由灵活的参观节奏,观众可根据自己的需求和兴趣随意调整阅读速度和阅读内容。但在形式方面,图文的表现方式对观众缺乏吸引力,尤其是科技馆以互动性展品为主,观众沉浸于展项互动中,很难静下心仔细阅读图文内容。针对科技馆图文的现状,上海科技馆在更新改造的能源新天地展区首创电子漫画式图文,将展品展项背后的科学内涵和科学故事通过长条漫画呈现,一波三折的科学发现历程、跌宕起伏的科学家故事赋予漫画灵魂,简约、还原真实场景的绘画带领观众进入故事环境,让观众在沉浸式阅读中细细品味展品展项的科学内涵、引发对科学技术与社会关系的深入思考、感悟科学家精神。

三、信息公开,促进行业良性发展

"十三五"期间,全国博物馆数量增至5788家,平均每两天就有一家博物馆建成开放。随着博物馆数量的增加,博物馆资源如何优化共享以及如何借助博物馆联动增强科普效果的话题持续得到博物馆人的关注,博物馆人也逐渐认识到共享发展是优化科普资源配置的有效途径,博物馆间应加强联动。通过数字技术打造的博物馆平台,中国数字科技馆、主题巡展共建共享平台、博物馆数字化管理平台、藏品展品数字化共享平台等,平台化发展的优势逐渐显露,并在提升博物馆动态信

息和资源的内循环效率,在促使全国甚至全世界的博物馆资源聚集,促进馆际联动、资源共享、科普教育公平以及资源再生产等方面也发挥重要的作用。

中国数字科技馆是一个基于互联网传播的国家级公益性科普服务平台,以科学内涵为基础,利用网络多媒体技术和虚拟现实技术,追踪科技动态、关注热点话题、交流科学思想,力争使自己成为公众和科学家之间信息交互的纽带。内设专题、活动、科技馆、兴趣圈、科普游戏、音视频、全国科普场馆虚拟漫游、知识库等板块,成为观众走进科技的平台、创意展现的舞台、动态资讯的纽带和科普素材的宝库。

全国科技馆主题巡展共建共享平台,努力实现全国范围内资源和渠道共享,提升科技馆行业整体公共科普服务能力。该平台目前已汇集了来自全国科普场馆和企业的38个主题展览资源,展览设计方和展览需求方可以通过该平台进行展览交流、信息交互及业务合作,让展览供需方的交流变得更加通畅和便捷,也敦促博物馆临时展览质量的提升。

2018年5月,上海博物馆数据中心项目初步建成。该项目是以数据可视化为主要展现手段,以博物馆学为依据开发的一个数据分析和管理系统,涵盖了博物馆收藏、研究、传播三项主要业务功能,融合了博物馆业务工作的基本流程,并对博物馆的主要业务数据进行了一定的科学挖掘和定量分析,通过可视化的形式予以表达,以期根据博物馆的定位与目标,为博物馆管理从"经验驱动"到"数据驱动"做好前期准备。包含"参观客流""观众服务""馆藏文物""传播教育""文创成果"等板块,其中的"馆藏文物"通过多种数据的长期累积、多维度分析,获得博物馆公众服务效应的数据画像,得到博物馆传播的趋势性预测,将为博物馆实施基于馆藏和观众需求的精准服务产生重要的评估及决策依据。

博物馆展览的可持续运行离不开展区管理员、运维人员、策展人、藏品研究人员等多方的支持和维护。上海博物馆数字化管理平台将博物馆的物、观众在博物馆的行为等数据同步共享给参与博物馆管理的各个专业和环节,帮助博物馆人清楚地掌握博物馆的物、了解博物馆的观众普遍行为习惯,知己知彼,为精准决策提供信息支持,促进博物馆的良性发展。数据和信息资源的共享,可以有效帮助博物馆各部门打通信息壁垒,盘活博物馆的数据和信息资源,充分利用信息指引工作高效推进。

比如,数据中心可以精确地收集博物馆每一天、每一小时的观众人数和分布位置,久而久之就可以掌握相同时段观众大致分布在博物馆的哪一个角落。这些数据可以帮助展区管理员预估人流量,提前制订客流管理方案;这些数据也从另一个视角反映了观众在每个展厅留驻的时长、分布的密度,对展品的不同关注程度等,这些都是参观者对展览的无意识反馈,也是最真实的反馈,能够帮助博物馆展览研发人员找到展陈的亮点与盲点,探索博物馆叙述与观众理解之间最佳的互动模式;而通过将现场客流规模及其分布与远程服务项目如网站、微博、微信等的使用数量和偏好情况进行对比，能了解到博物馆的潜在影响力及临时展览、教育活动的传播效应，从而获得目标观众的"数据画像"和重点宣传渠道，进行有的放矢地宣传推广。再比如，上海博物馆拥有结构完善、数据丰富的藏品数据库，十四万余件文物的基本数据和研究、保管、动态利用等数据齐全，提供了充分的智慧化分析基础。馆藏数据的开放共享让博物馆讲解员对馆藏文物如数家珍、有的放矢地发挥可讲解的空间，让藏品管理者实时监测馆藏环境、藏品状态等信息，给藏品研究人员提供多角度、系统性思考藏品可利用、可展示的平台，也让展览研发人员有机会深入思考藏品间的关联为展览叙事打好基础，根据藏品的属性设计展示藏品优势的最佳呈现方式。

同样的信息在不同的部门、不同的专业视角下有不同的吸收和利用方式。博物馆的数字化管理平台促使博物馆的人和物的信息在博物馆内循环，从各个职能和业务部门的角度共同促进精准决策、促进博物馆的良性发展。

在藏品共享和研究方面，数字化发挥着同样重要的作用。Google 于 2011 年推出 Google Arts & Culture 项目，与来自 70 个国家/地区的超过 1200 家博物馆、画廊和文化机构展开合作，力求让每个人都能在线欣赏这些机构的展品，简单来说就是把艺术文化作品数字化搬到线上，再用 VR 等技术让观众沉浸在艺术和文化的氛围中。也就是说，我们可以一边舒服地躺在家里的沙发上，一边在世界著名博物馆独自闲逛，欣赏全世界的珍宝文物，也可以通过缩放探索、品味全球最珍贵的文化瑰宝的每一个细节，甚至作品的笔触、画布的底纹都可以被清晰地观察到。

除了 Google，国内一些企业也在努力构建藏品的数字化平台。2021 年 2 月 9 日，由腾讯发起的一站式全球中国文物数字体验平台上线，该小程序通过数字化手段展示全球顶级博物馆中近 300 件中国珍品文物。用户只需动动指尖，即可欣赏文物，聆听语音讲解。首批上线的《康熙南巡图》是"清初画圣"王翚等以康熙皇帝南巡为题材的大型历史图卷，共 12 卷，总长 213 米，其中的第三卷和第四卷分别藏于美国纽约大都会艺术博物馆和法国吉美国立亚洲艺术博物馆。"国宝全球数字博物馆"微信小程序采用了腾讯多媒体实验室自主研发的"高清拼接"和"三维全景"的数字技术，将这两卷国宝实现数字化"合体"，并通过算法渲染在一个虚拟 3D 空间，在这个空间，用户能感受到视觉上的立体纵深感，仿佛身处画面中观赏全景。

藏品信息的数字化，让不同类型、不同结构的藏品数据间建立联系成为可能，博物馆可以建立藏品科研平台，将数字资源进行最大限度的整合，也将全世界处于不同时空、不同机构的藏品研究人员借助网络"聚集一堂"共同研究，从各自的专业、经验，从不同角度分享观点，碰撞思维，打破研究僵局，在方法论和研究实践中不断推陈出新。

第五章 博物馆未来发展的期许与冀望

第一节 更好地连接社会

我们不仅生活在自然生态环境之中,也生活在文化生态环境之中。文化生态的发展质量直接关系人们的生活品质,关系社会和谐与文明进步,关系一个地区的个性和特质。作为社会构成中非常重要的文化场所之一,博物馆应该以更加丰富多彩的方式,进入社会公众的生活之中,使博物馆文化的传播更加有效,使博物馆文化的影响更加深入,尤其是在科技大爆发的当下,博物馆利用数字技术推动博物馆文化生态的发展,已成为社会文化发展的重要助力。

一、成为社会公众与文化的连接纽带

无论在过去、当下还是未来,无论是传统的博物馆,还是现代博物馆,要形成益于服务社会的博物馆文化生态,首要的就是要加强与公众的互动,加强与社会的连接。

我们可以很清晰地看到,随着时代发展,博物馆与社会的联系已越来越紧密,其社会功能及担当的角色也愈发多元。国际博物馆协会近几次年会的主题都强调博物馆与社会的关系,如 2010 年的主题为"博物馆促进社会和谐",2013 年的主题为"博物馆(记忆 + 创造) = 社会变迁"。2015 年,国务院颁布的《博物馆条例》,更是明确提出了博物馆的社会服务功能。在世界超级互联的今天,博物馆作为重要的社会文化教育机构,探讨全新的方式以吸引正在顺应时代变化的观众成为了当务之急。超级连接的议题也随着 2018 年国际博物馆日的主题"超级连接的博物馆:新方法、新公众"再度吸引我们的视线。我们认识到随着博物馆社会功能的演变以及数字技术的发展,博物馆需要不断地与公众产生联系,在新兴技术的辅助下博物馆可以通过生动有趣的手段吸引到核心观众以外的群体,找到新的观众;可以使藏品数字化,扩宽吸引观众的渠道,提升观众获取信息的效率;也可以为展览增添复杂的多媒体元素。为了吸引新的观众并增强彼此的联系,博物馆必须开创藏

品阐释和展示的新方式,不断扩宽与社会连接的深度和广度[①]。

(一)超越实体载体的丰富展示形式

在互联网出现之前,博物馆人的工作重心是围绕展览和藏品的实体展开,人与"物"的交流只有在展厅现场才可以实现。"物"即藏品、展品,观众到博物馆参观的主体即博物馆的展陈。比较初级的参观主要局限在物的表象层面,关注其外部形象,更深入的观众则会从物质层面深入到信息层面,想方设法获取物中所蕴含的信息,包括这件物的制造信息、功能信息、使用信息和关联信息等。这些信息是展览力图通过阐释向观众传播的,这也是公众与博物馆文化的基础连接。

数字技术的发展,为超越馆舍的连接创造了条件。举个最简单的例子,摄影摄像设备的更新换代,图像的数字化为博物馆的超实体传播提供了技术支撑。现今,高清像素的照片已不再是难题,这使得"物"的形象得以高保真地纪录,对于那些过程性现象则可以利用摄像技术来解决,而"物"中的意义可以直接转化不同形式的信息载体,从而使物中的信息以脱离载体的方式独立保存下来[②]。

如今的数字化使得博物馆与外部世界的连接得以搭乘现代通讯技术的高速列车,从而使得非实体传播变为现实。一件博物馆展品,无论是高清逼真的图像与影像,还是文字表达的意义信息,都可以以更广泛的规模及更快的速度,传向世界各地的公众,从而大大地活跃了博物馆与社会的连接,并使博物馆融入到这个超级连接的世界中。这种以博物馆物形象及意义的非现场、非实体传播的超级连接形式,可以借助越来越先进的虚拟现实技术、三维图形图像技术、计算机网络技术、特种视效技术等数字技术,将现实存在的实体博物馆以文字、图片、视频、录音解说以及我们无法想象到超越博物馆实体载体的呈现形态,以更便捷与个性化的方式与观众见面,从而使博物馆成为公众与文化之间非常重要的纽带。

近年来,许多博物馆都在持续升级向公众展示场馆文化的方式,除了以实物为主体的各类常设展、临巡展之外,不断拓展内容传播的渠道,希望"掀开博物馆的屋顶",以便让社会各界公众有更多机会了解博物馆文化及其内涵。例如,上海科技馆的科普影视就是一种有益的尝试,它通过影像技术,将场馆中各类静态的展品、藏品和标本活灵活现地展示出来,大大拓展了场馆的传播形式。同时,以影视的形式传播科学,拥有更为成熟的传播平台,往往更为便捷。相信随着5G网络的普及,这类传播的方式会变得更加丰富,质量也会进一步提升。

正是博物馆物在数字化上的不断探索,使博物馆得以将自己的触角更迅速、更广泛、更深入地传递到社会生活的各个领域,实现与社会更密切、更有效的连接。

(二)精准分层分类的线上线下教育活动

如果说展览展示是场馆与社会连接融合的基石,那么建诸其上的各类教育活

---

① 林梦想. 超级连接的博物馆:前提与实施[D]. 杭州:浙江大学,2018.
② 严建强. 博物馆与社会:寻求更广泛与深入的连接[J]. 中国博物馆,2018(03):1-11.

动则是场馆展现自身独特社会价值的重点,是博物馆提升用户黏度、吸引公众参与其中的重要手段,是永不下线的社会终身学习平台。大部分博物馆有开发不同主题和学科门类的教育资源,每个主题又会根据不同年龄段的受众设计不同形式和内容的活动,活动年龄段基本涵盖了从幼儿到成人的各个阶段,受众范围包括亲子、团体等不同类型的观众。上海自然博物馆目前推出的各种类型的教育活动,如青少年及学校教师的各类教育活动,不仅仅局限于灌输青少年科学知识,而是与学校教育互为呼应,使青少年能够更为立体地认识科学、理解科学。这些活动看似平凡,但意义深远,有些青少年或许就能以此为起点,将来成为科学家,成为科技创新的领军人物;有些青少年或许并没有立志于从事科学工作,但所获得的科学素养和科学思考方式,必将有助于其在不同行业有所作为。仅 2016 年,上海自然博物馆共开展各类科普教育活动 13.5 万余场,受益观众约 100.5 万人次[①]。

除了线下开展的教育活动,在数字化的推动下,线上教育资源的比重日益增强。2021 年,新冠疫情阴霾未散,更多的观众选择通过互联网了解博物馆。以上海科技馆为例,全年网站点击量多达 6313069 次,微信公众号阅读量 4348441 次,抖音播放量 421449 次,B 站播放量 493632 次,线上活动 1049547 人次,微信公众号粉丝数突破 2015128 人,阅读量达 3850781 次,共推送科普文章 160 篇,累计字数达 480000+,阅读量最多的文章《这波爆发的德尔塔变异毒株,到底有多难缠?》点击量达到 71886 次,分享量最多的文章《120 万一针,国产抗癌"神药"CAR-T 到底是什么?》分享量 3427 次。不止是简单的文字科普,漫画、游戏、实验、云逛展、脱口秀、戏剧……这些承载科学知识的各类线上载体,不仅致力于满足各个年龄段公众探索科学文化的需求,而且让公众有更多机会了解场馆,知道场馆的各种功能和职能。对于未来的博物馆,通过线上教育资源创制的突破来提升场馆核心竞争力,是今后一段时期内博物馆发展的重要方向,也是博物馆构筑社会终身学习教育平台的必修之路。

(三)新技术支撑的多元收藏研究

收藏研究是场馆赖以生存的保障,是呈现社会历史发展脉络的一座宝藏,也是公众回顾过往、鉴证未来的连接点。收藏能够记录、反映这座城市历史沿革的风貌,研究则能发掘、彰显社会科学文化发展过程的脉络。例如,上海自然博物馆的前身为建于 1868 年的震旦博物院,博物馆本身的历史以及百余年积累的馆藏标本足以为社会和科学发展的历史提供别有趣味的注脚。上海科技馆的研究也有自身的特色,主要分为三个方面:其一,关于科学传播的研究,通过此方面的研究能更好地服务于社会公众的需求;其二,关于基础学科的研究,此部分的研究为科学传播内容的准确性、前沿性提供良好的基础,包括自然史研究、藏品保护研究、天文研

---

① 庄智一,王小明.自然科学类博物馆与社会的连接和融合浅析:以上海科技馆为例[J].自然博物,2017(1):44-48.

究;其三,关于展品研发的研究,通过展览、展示、策划、研制带给公众新的参观体验。中国国家博物馆考古院担负着国家博物馆考古发掘与学术研究的重要职责,下设民族与边疆地区考古、田野考古、科技考古、环境考古四个研究所及公共考古办公室。考古工作者通过深入扎实的考古活动,扩大国家博物馆藏品来源,丰富考古发掘品种类形态,为立体化的呈现和阐释中华文化多元一体、中外文明交流互鉴提供代表性物证,为深化对中华文明整体性和多样性的认识提供物证支撑。那么数字技术在未来博物馆收藏研究领域,能带给公众更多惊喜吗?

1. 数字化采集

随着业内博物馆数字化转型的技术的普遍成熟,用于收藏研究领域的数字化采集已成为博物馆发展下一步突破的方向。故宫发布5万多件高清文物影像的数字文物库、首都博物馆上线APP呈现数字化文物、三星堆开设线上3D展厅……近年来,文物数字化在博物馆行业逐渐深入人心,许多博物馆展开了三维数字化采集工作。一般采集过程为:技术人员先用三维激光扫描仪、高清相机等设备收集文物数据,再通过数据建模,建起整件文物的三维模型。然而,要真实还原文物历史状态与容貌,普通的三维扫描采集还远远不够,需要通过精细的数字化采集以获取更高精度的数据,以三星堆博物馆藏的青铜神树为例,因为体型庞大,分成了几十块残件分段扫描再拼接,扫描用时一个多月、数据处理用时半年。精细的数字化采集,往往能做到高度复原每一块残件乃至文物细节,因此成为文物修复的重要参考。湖南博物院从2016年底开始筹备馆藏古琴保护修复项目,2018年项目启动至今,组建了由文物保护、材料学、文物与博物馆学、非遗保护和艺术设计等多学科专业技术人员组成的馆藏古琴保护修复研究团队,在保护和修复古琴过程中,运用CT扫描、三维重构和3D打印等技术,实现最小干预和有效保护,对馆藏古琴的内部结构、断代、定名、流传经历等也有了新的发现。以唐琴"飞泉"为例,纳音看起来是桐木材质,可CT扫描后发现,原来它的面板是杉木做的,纳音则是贴镶上去的。扫描后,修复师会运用古琴三维数据,对缺失部分的结构进行三维重建,先进行虚拟修复,此后再对本体进行修复,以此增加修复的精准度。数字化采集是一个漫长的过程,博物馆数字化首先是藏品信息的数字化和展览陈列的数字化,以此为基础,通过各种多媒体展示形式,让受众获得丰富的数字化体验。

2. 数字化分析

数字技术还可以用于考古发掘时的专业化分析,正在进行的三星堆遗址发掘,无论从多学科研究还是考古发掘方法与技术,都站在了世界考古的前沿,可谓新时代中国考古学的典范。在三星堆遗址考古发掘现场搭建的现代化大棚内,围绕着六个恒温恒湿的玻璃方舱,设置了多个考古实验室:无机质文物应急保护室、应急检测分析室、微痕应急保护室……值得一提的是,三星堆考古还首次应用了高光谱数据采集与分析,来识别文物表面的物质组成。高光谱技术一般用于遥感卫星。对于文物来说,不同材质对不同波长的电磁波的响应不同,对发掘坑表面进行光谱扫描,就可以预判文物的材质,比如青铜、象牙和丝织物的光谱表现就不一样,在肉眼看来只是黑色"土块"的物质,在高光谱成像仪的扫描下就能一目了然。此次三星堆考古发掘的"科技范儿"引起人们广泛关注,数字技术体现在文物发掘、提取的方方面面。

城市是文化的容器,博物馆则是文化的中心。尽管不同博物馆的研究方向、研究重点、研究领域不同,其最终目的都是服务于社会公众,增强公众与博物馆文化的连接。新时代的博物馆,在不断提升自身业务能力同时,要不断增强数字化在展示、教育、收藏、研究中的场景应用以提升可持续发展力,做好社会公众与文化的连接纽带。

二、打造高品质网红文化聚集地

每年的5月18日,这个曾经被中国民间当成"我要发"的聚财"吉日",如今却以颇具文化含金量的"国际博物馆日"的面貌被国人所熟知。大部分博物馆会在这一天免费开放,很多观众也把参观博物馆提上了日程。2021年的五一假期,三星堆博物馆前惊现排队长龙,超长的队伍,只为观看一个展览——这种热情举世震惊。其实不仅仅是三星堆博物馆,中国国家博物馆、上海博物馆、上海自然博物馆同样人气爆棚。博物馆已成了新"网红"。这背后所折射出的,是公众对民族文化、传统文化的认知度和认同度在提高,某种程度上说,也是文化自信的一种体现。这也提醒我们:博物馆如何更好地服务社会,在拉进公众与博物馆的距离后,还要着力加强社会对博物馆文化的认同感,除了持续不断挖掘自身文化内涵外,还可以借助数字技术来加强博物馆文化的传播效应,吸引公众的视线。

大数据时代,卖点往往跟数据平台相挂钩。在新媒体传播的过程中,往往三者是相互推动作用,形成一个不断循环的三角模型。首先,传播者,然后传播媒介,再到受众。在传播媒介不断地对内应接传播内容,对外输出能量价值的同时,受众的反馈往往会成为媒体之间互动的催化剂,从而反推传播者。而受众是否能认同传播者并给予正向的反馈,从而起到传播作用,这与数据平台以及受众分析的定位息息相关。

作为中国最大、最专业、最权威、观众覆盖面最广的电视媒体,中央电视台出品过不少文物类的电视节目,但一直比较小众,直到纪录片《我在故宫修文物》在网络平台上播出后,一夜爆红。在中国用户数量最多的影音交流平台豆瓣网上,《我在故宫修文物》得到了近9万用户打出的平均9.4的高分,与现象级纪录片《舌尖上的中国》持平。在用户年龄平均21岁的中国最大二次元社区B站上,该纪录片上线1个月,就达到近70万的点击量。这部博物馆业相关的爆红产品一时间吸引无数媒体的眼球,尤其是在年轻观众群体中的走红,更加推高了这股"文物热"。这股热潮让我们发现,文物类电视节目并非天然性只吸引传统文化爱好者、古玩爱好者这类人群①，节目的取材、策划、制作能否与网络平台用户视角相匹配十分重要，围绕年轻用户的需求定向打造，这些都是博物馆网红文化成功的关键点。

陕西历史博物馆在"国内热门博物馆TOP10"中排名第二，是2018年走红网络的代表性博物馆，馆藏的170万件文物中，不少已经变成网红文物。目前，国内各大博物馆都在尝试新潮的玩法，让历史文物鲜活起来，吸引年轻人的关注。国际博物馆日，国内7家著名博物馆联合短视频平台发布的一条文物短视频刷爆朋友圈。秦始皇兵马俑博物馆也在不断尝试新的展示与互动方式，让文物活起来。北京故宫则是传统景点走上网红之路的先驱。2018年，故宫年接待观众首破1700万人次，成为世界参观人数最多的博物馆。更有趣的是，据故宫统计的数据显示，30岁以下的游客占比达到40%，年轻的80后、90后已成为参观故宫博物院的"主力"。

博物馆文化之所以"网红"，靠的是与众不同、独具匠心的策划。通过创意策划衍生出的博物馆文化，不仅创意满满，且十分接地气。比如丰富多彩的创意展览活动，以严谨而风趣的方式接近消费者，让封藏已久的史诗级藏品"重出江湖"，最终实现文化的传播与再生。把握时代节奏，符合人们日益高涨的文化"刚需"，这也是"网红"博物馆的一大优势。目前游客市场已把80后、90后作为主力来发展，这部分群体的个性化消费需求较为明显。一方面，他们受教育程度高，对博物馆藏品本身有浓厚的求知欲；另一方面，博物馆在展陈方式上增加了很多创意，与年轻人的"脑洞"碰撞到一起，吸引了不少人在此地进行聚会交流。此外，部分博物馆还充分融入数字化元素，通过APP软件"开口"说故事，将专家研究成果以口语化的形式与亲和的形象进行呈现，不断拉近博物馆与受众对象的距离。

公众对博物馆的期待更多的是感受高品质文化。博物馆作为文化教育场所，在与社会加强联系，打造公众喜闻乐见的高品质文化过程中，更跟上"互联网+"的数字化发展浪潮，跳脱出厚重、枯燥等既往观念中的标签，努力成为新网红文化聚集高地。

三、形成资源整合自我生长的博物馆生态圈

"生态圈"这一概念最早源于生物学的种族群落，近几年，许多社会学科如管理学、经济学都开始应用这一理论名词，以用来说明更多的利益相关者、更多行为主体参与的合作系统②。那么博物馆是否可以基于自身的资源整合框架，并将更多的社会行为主体纳入其资源整合的范畴来构建更加宏观的资源生态圈呢？

（一）资源整合的不同圈层

按资源整合及合作的层次来分，从里到外，从小到大，博物馆可以依次分为内

---

① 孟凡晖.多行业融合打造"博物馆+"：探析博物馆的"网红"之路[J].文物鉴定与鉴赏，2019(22)：103-105.

② 付红旭.论博物馆资源整合生态圈的构建[C]//中国博物馆协会博物馆学专业委员会2017年"经济环境变化与博物馆应对"学术研讨会，2017：79-84.

部圈层、行业圈层和社会圈层。

1. 博物馆内部圈层

在博物馆各内设机构之间,资源要素直接参与协作与分工,强调对既有资源的有效整合。在这一圈层内,展陈、教育、收藏、科研、人才是博物馆的核心资源,借助大数据、移动互联网、虚拟现实、融媒体等技术,进行必要的创新,实现资源整合效率的提升,从而更好地发挥博物馆职能。

2. 博物馆行业圈层

博物馆需要开展行业内的多种合作来实现资源互通整合。以沪、苏、浙、皖八家科普场馆发起成立长三角科普场馆联盟为例,共话长远合作愿景,盘活长三角科普资源"一盘棋"。2018年,由上海科技馆、上海中国航海博物馆、江苏省科学技术馆、南京科技馆、浙江省科技馆、浙江自然博物馆、安徽省科学技术馆、合肥市科技馆八家科普场馆发起的"长三角科普场馆联盟"宣布成立,盟员单位由各省馆推荐产生,范围包括综合性的省市地区馆、各类专业场馆、企业、高校、科研机构、社会团体和民间机构等。联盟将秉持共商、共享、共赢的理念,不断推进落实场馆间教育、展示、收藏和研究等各方面的深入交流,形成"产-学-研-用-展"一条链,实现馆间、馆企、馆研、馆校协同发展。

行业圈层不仅拓展了博物馆朋友圈,让圈层资源更为紧密,同时也协助博物馆最终形成一种长效的资源整合与共享合作机制。

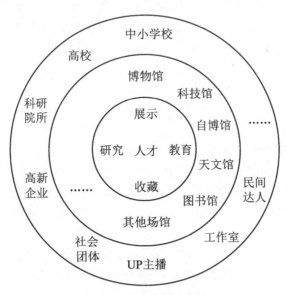

图 5.1　博物馆生态圈层

3. 博物馆社会圈层

这是一个泛概念,由于博物馆最重要的职能是在社会范围内实现对公众的教育,因此有必要将博物馆的生态系统进一步扩大,更多没有博物馆属性的行为主体与博物馆开展合作,构成了更加宏观的生态系统,即博物馆社会生态圈。以上海科技馆为例,多年来积极引入社会资源:与中小学开启馆校合作,在上海市教委的支持下正式启动了"利用场馆资源提升科技教师和学生能力的'馆校合作'项目",吸引了全市200余所中小学校参与合作共建;与高校、科研院所、自然科学及社会科学类团体开展平台共建,其中中国科学院上海分院、上海科学院、复旦大学、上海交通大学、华东师范大学等高校均达成共建合作协议,给予专家资源和技术支持;与高新科技企业开展活动联动,联合波音、巴斯夫、安捷伦、3M中国、养乐多等企业,整合社会力量拓展教育资源。

在这一层次下,更多的社会行为主体加入博物馆的合作范畴,除了强调对既有资源的有效整合,还要求创造新的资源,产生新的价值。并且这类主体并不仅仅是组织行为,各类知识型的UP主、民间达人、工作室等社会个人、机构都可以加强与博物馆的资源共建。博物馆资源整合生态圈的构建就是要实现博物馆社会效益、学术价值、经济效益的最大化利用,促进博物馆事业的蓬勃发展。

(二) 博物馆数字资源整合的合作构建

随着博物馆数字化进程的不断推进,其在整合资源方面会有哪些不同呢? 不难发现,博物馆越来越多地通过整合线上线下资源来提高用户满意度,进而提升场馆的核心竞争力,促进行业的可持续发展。立足博物馆视角,充分利用"互联网+"的优势,将博物馆的内涵以新形态传递出去,为导览服务、教育活动、观众互动等多方面服务提供一个全新的平台。同时,有效利用社交平台、众包参与等模式,使观众不再是被动的文化消费者,而成为主动的生产者和传播者。以这种模式构建形成的博物馆资源圈层,能充分激发博物馆的新活力,形成互相衔接的闭环式服务,实现以移动互联网、室内无线定位等核心技术架设的博物馆新型资源生态圈层,最大限度、更大范围地提高博物馆对公众的吸引力[1]。博物馆数字资源生态的建设同样需要依靠多方参与,协同合作。

(1) 内设机构间的协同合作:研究人员生产内容,宣传人员包装和营销内容,数字人员做好反馈及数据分析。

(2) 行业内跨馆际的合作:区域内互助,大型博物馆带动中小型博物馆,全球行业内的协同合作,资源共享、共同促成信息资源的交流和利用。

(3) 公众与机构的协同合作:鼓励公众再创造,参与博物馆各项事务,发展众包。

(4) 跨媒体、跨平台协作:门户网站、社交媒体、在线直播、综艺节目、在线游戏、移动应用,电台、电视、纸媒,数字媒体与传统媒体联动,以不同用户群体为目标,维护已有社群,引流更多用户及观众。

(5) 跨行业的协同合作:博物馆与互联网业、传媒业、终端行业共同协作,以最

---

[1] 徐耀琦.上海博物馆"互联网+"微服务生态圈的探索[J].科学教育与博物馆,2016(4):280-283.

先进的技术和最优化的渠道助力博物馆数字媒体生态可持续发展[①]。

(三)数字资源生态圈的发展优势

博物馆在"万物互联""万众皆媒"的时代背景下,构建数字资源生态圈是未来智慧博物馆发展的大势所趋,它颠覆了博物馆的文化传播模式,打破了博物馆与公众之间的"墙",让更多人走进博物馆、了解博物馆、爱上博物馆。

1. 提供资源传播与生长的温床

微信、微博等融媒体传播渠道的快速发展迭代为博物馆数字资源的自生长提供了条件。现阶段,社交媒体的用户基数非常庞大,手段也是极为丰富,这为博物馆数字资源生态圈中的自供给与信息的传递打下了坚实基础。

2. 打通线上线下资源的流动

博物馆自身有较完善的产业链,并具备相对优质的用户群体,其数字资源生态圈就好比电子商务中的"O2O"模式,这一模式是以线上与线下相结合的方式,将线上消费群体引入线下进行消费,并经线上反馈的形式来获取相关信息,进而组建一个闭环的服务模式。这一路径可以为博物馆数字资源生态圈提供全新的思路。博物馆本身便拥有大量的线下观众,能吸引线下观众使用线上服务登录博物馆数字平台,不仅可以根据受众群体的差异化需求,设计相应的参观路线或进行针对性的教育服务,还可以向其推荐感兴趣的文创纪念品,推动线上线下资源互促循环流动。

在不同的社会发展阶段,博物馆的发展策略和管理方式也不尽相同。博物馆的资源整合策略作为发展战略的重中之重,对博物馆的健康、持久发展有着巨大影响。应当及时调整资源整合策略,建立匹配的博物馆资源协同整合机制。

第二节 无边界交叉延展

博物馆的跨界可以理解为博物馆为突破现有教育、展示、收藏方式,在新的领域拓展实践或与其他平台合作,激活产业、解决现存问题的活动。

以公众为中心的博物馆需要关注变化的公众和社会,根据公众需求和时代特征开展业务,并以与时俱进的方式与公众沟通。

但"跨界"也不意味着打破,而是在博物馆的基本属性的框架下,寻找博物馆在变化的时代中获得持续的生命力和吸引力的途径。同时也要思考为什么能跨界、如何跨界、跨界后的效果以及跨界是否会带来新的问题。

[①] 韩冰.博物馆的数字媒体生态建设研究[J].大观,2020(11):85-86.

一、与游戏行业的正向价值

《2020年中国游戏产业报告》显示,游戏用户数量稳定增长,规模达6.65亿,同比增长3.7%[①]。玩游戏的人在持续增长,足以说明公众对游戏的着迷和热爱。作为移动互联网时代最受大众欢迎的娱乐方式之一,游戏已经成为科普教育的新工具,被列入《上海市建设具有全球影响力的科技创新中心"十四五"规划》,规划提出"鼓励社会机构面向家庭或亲子科普需求,提供适合家庭科学教育的课程课件、益智玩具、科普游戏等产品"。

科普游戏是一种特定类型的教育游戏,利用游戏的方式来设置或强化学习的过程,让玩家在知识的获得、技能的获取中,既有激励的梯度感,又有内在动因带来的成就感[②]。科普游戏已成为博物馆学习的一种新形式、新业态,也成为科普场馆数字文化产业的一部分。

(一)博物馆×游戏的优势

首先,游戏的娱乐性吸引更多的观众了解博物馆。玩游戏的人很多,游戏对玩家的吸引力也很强,虽然参与游戏的动机与学习动机之间并没有关联性,但博物馆引入游戏元素,让游戏和博物馆发生关联,势必能促使对博物馆不了解甚至不感兴趣的游戏爱好者成为博物馆的潜在观众。

其次,游戏的每个环节都有明确的目标,博物馆科普游戏也具备这一特性,使得观众在"向导"的指引下对展览的主线更加清晰,或可以在游戏全新设定的故事线中有目的的体验,而这可能是在线下自主参观中普通观众很难捕捉到的。

另外,虽然教育是博物馆的首要功能,但博物馆教育与学校教育是错位的。在博物馆教育中传递科学知识并不是最重要的,重要的是让观众在探究、体验和参与中感受科学探究的方法、科学发现的过程,感悟科学家精神,而这些恰好在游戏的虚拟环境中可以让观众在沉浸式体验中达成。

(二)博物馆×游戏的实现方式

博物馆的科普游戏,无论是场馆的本地游戏还是线上平台的游戏,都要找准博物馆在科普游戏中的定位,充分发挥博物馆科普教育的特色和价值。

在内容上,博物馆和游戏的融合可以围绕一件展品展项、贯穿一个展览或整个场馆,也可以结合博物馆的教育活动,拓展和延伸展示内容,情境化展示科学研究的过程、科学原理等,可以让博物馆紧跟科研热点,始终走在科普前线。博物馆的科普游戏在内容设计过程中,选题策划时应筛选出能够在游戏中与场馆联动的展览、展品或教育活动,并以这样的展览、展品或教育活动为基础或原型设计游戏,然后选择使用恰当的虚拟与实体结合的技术,最后,为追求更好的科普效果,就须遵

[①] 游戏产业网. 2020年中国游戏产业报告[R]. 中国音像与数字出版协会游戏工委,2020.
[②] 王小明,张光斌,宋睿玲. 科普游戏:科普产业的新业态[J]. 科学教育与博物馆,2020(3):154-159.

循教育和认知的规律、借鉴教学设计的方法，并使之与游戏设计相结合，即博物馆的科普游戏具有"线上与线下相结合""虚拟的游戏情境与博物馆实体相结合""教学内容、教学方法与游戏元素结合"的特征①。

在结合方式上，常见的博物馆科普游戏类型主要有解谜游戏、冒险探索游戏、养成游戏等，不同类型的科普游戏的目标不外乎对博物馆、对展览、对藏品的多角度多层次的展示和解读，对展品展项科学内容的多维度诠释，但不同类型的科普游戏与博物馆资源的结合方式有所差别。

上海科技馆自主研发的科普游戏"江海鲟踪"属于解谜类游戏，从观察场馆中中华鲟的标本出发，通过解读中华鲟的外形和结构，引出中华鲟的洄游故事。"江海鲟踪"构建了一个虚拟的世界，在这个世界里玩家从上帝视角为中华鲟洄游繁殖保驾护航，陪同中华鲟从海洋溯流至长江繁殖，再到下一代在长江中长大并返回大海，整个过程历经八大挑战，玩家在游戏中了解中华鲟的生活习性，以及人类活动对中华鲟生存和繁殖带来的影响，引导玩家认识中华鲟、反思人类的活动，了解现有的保护措施，进而用实际行动保护中华鲟②。

游戏是一个交互的模拟系统，具有规则性、响应性、挑战性、积累性和趣味性五个本质特征③。游戏元素包括规则、反馈、重做、冲突、竞争、合作、关卡、故事、美感等，一个好的游戏需要选择合适的游戏元素，并将它们整合在一起以满足游戏的五个本质特征④。"江海鲟踪"通过设计美感、故事元素，目标、关卡任务元素，引导玩家沉浸于游戏中，创设教学内容、科学探究的过程与游戏元素相结合的情境，在情境中构建知识，实现科学认知；通过规则、反馈、奖励元素提高玩家的体验感和参与动机。

冒险探索游戏也是博物馆科普游戏的一个比较常用的类型。与遗迹博物馆虚拟导览相结合的冒险探索游戏能还原博物馆的面貌，使博物馆成为故事发生的舞台，以讲述与博物馆相关的故事给观众提供一种新的参观体验。赵雨阳提出博物馆冒险探索游戏在架构上可以分为知识层、实现层、应用层三个层次。在知识层，博物馆冒险探索游戏不仅提供藏品的高清晰图像、音频、视频、文字资料、三维数据，解读信息和博物馆展厅本身的信息，游戏所具有的参与和叙事性还要求在知识层之中包含着大量的历史细节信息。在实现层方面，为了突出博物馆冒险探索游戏真实再现场景的特色，高质量的游戏引擎提供曲面、动态灯光、烟雾、镜面、天空体、阴影、粒子系统、静态网格模型和网格模型动画等功能，为游戏者构建一个近乎

---

① 聂婷华.科技博物馆在线教育游戏设计研究[J].自然科学博物馆研究,2021,6(3):23-28,93.

② 聂婷华.场馆线上科普游戏的设计与开发：以《江海鲟踪》为例[J].科学教育与博物馆,2020,6(6):446-450.

③ Mayer R E,Johnson C I. Adding Instructional Features that Promote Learning in A Game-like Environment[J]. Journal of Educational Computing Research,2010,42(3):241-265.

④ Karl M. Kapp. The Gamification of Learning and Instruction[M]. San Francisco:Pfeiffer,2012.

真实的世界。这使得游戏者能够在博物馆冒险探索游戏中能够获得近似博物馆实地的视觉效果。应用层直接面向用户,博物馆冒险探索游戏更加注重体验尝试和互动①。

2021年,上海科技馆设计了一款数字化实景解谜科普游戏——《消失的科博士》,这款科普游戏通过手机端、文创产品端、现场实景端三端联动的形式,用科技馆自身IP的世界观和故事,融入4个展区、8种人物角色、11款解谜道具、28个精彩谜题、100多个科普知识点,开启公众的科普场馆新体验。在科普场馆中注入剧本杀、密室逃脱等沉浸式潮流新业态,提升数字化感观与实景交互的融合。

近年来,上海科技馆积极调动馆内外资源,持续开展科普游戏的探索和实践,共开发了24款网页端游戏和11款移动端游戏,分别应用在展览及教育活动中,全方位、多维度地开启了科普场馆探索推动科普游戏工作的先河。接下来,上海科技馆将通过建设"科普游戏平台"来探索科普文创的IP培育与孵化模式,以开放、共享、共管的合作方式,吸引一批高水平、创新型的游戏及文创开发企业共同参与,与社会各界力量实现强强联合,共同推动科普游戏平台的建设。

博物馆和游戏的跨界是在数字技术的发展下,博物馆用新手段吸引观众的一种方式,这也与博物馆理念转变、政策导向等相关。2021年4月,主题为"科普产业的创新与变革"的首届中国科普游戏大会在上海举行。该大会是我国科普游戏领域的首届高峰论坛,海内外专家聚焦科普游戏的再定义、实践场景和发展趋势,以及需要的政策支持和可能出现的问题及其应对策略,为今后科普游戏产业发展探明方向。作为本届大会重要会议成果之一——《科普游戏产业发展宣言》表明,要认同科普游戏的科普和教育目标,平衡科普游戏的科学性及娱乐性,构建博物馆全场景、可互动、深度学的体验空间;宣言还强调了开展科普游戏的系统性研究的重要性,强调构建多元融合的科普游戏研发体系,培养高层次的开发者,推动科普游戏规范化发展。

虽然目前我国博物馆科普游戏的研发还存在基础理论不够完善、应用研究不够深入、开发设计方法不够明确等问题,但科普游戏作为数字技术与现代教育理念、心理学和传播学结合的产物,在助力科普传播、拓宽科普能级中的作用是毋庸置疑的,相信随着政策的落实、从业人员和研究者们积极的理论和实践探索,博物馆和游戏产业的结合将充分彰显其教育价值。

二、与科研机构的学术互促

新时代的博物馆不仅需要自身有一支政治站位高、专业素养过硬、工作思路清晰的人才队伍,同样也需要与高校、科研院所等在藏品鉴定、展览展示、科学研究等方面具有科研影响力的学术交流与合作,积极发挥博物馆和外部科研力量的联动

---

① 赵雨阳,郑霞.试论游戏与博物馆的跨界:以《刺客信条》为例[J].中国博物馆,2015,32(2):63-69,79.

优势,取长补短、共同提高,促进思路创新、专业提升。博物馆与科研机构的合作案例,最成功就是中国科学院。中国科学院是中国自然科学最高学术机构,国家动物博物馆、西双版纳热带植物园、国家天文台、华南植物园、武汉植物园等科普场所为其附属研究机构,科研院所因其是科普场所或旅游景点的模式让科研更接地气,也让科普的权威性和实效性更强。

中国科学院西双版纳热带植物园,前身为1959年蔡希陶教授领导创建的"西双版纳热带植物园",经历数次重组、改隶后,1996年9月经中央机构编制委员会办公室批准,定名为中国科学院西双版纳热带植物园,隶属于中国科学院。西双版纳热带植物园是中国面积最大、收集物种最丰富、植物专类园区最多的植物园,也是集科学研究、物种保存和科普教育为一体的综合性研究机构和风景名胜区。版纳植物园下设2个中国科学院重点实验室(分别是:中国科学院热带森林生态学重点实验室、中国科学院热带植物资源可持续利用重点实验室)、综合保护中心、公共技术服务中心、研究组(27个)等部门;建有标本与种质保存中心、野外台站(3个分别是:中国科学院西双版纳热带雨林生态系统研究站、中国科学院哀牢山森林生态系统研究站、西双版纳热带植物园元江干热河谷生态站)、园林园艺部、科普旅游部等支撑系统及业务部门。经过五十余年的科学研究积淀,已完成科研项目900余项,取得国家级、省部级成果奖励100余项,发表学术论文3000余篇,申请专利90余项,授权专利50余项,主编出版专著近40部。经过几代人的不懈努力,特别是国家知识创新工程的启动,版纳植物园已成为我国最重要的热带植物科学研究基地、热带植物种质资源保存库和科学知识传播中心;在热带植物资源的开发、利用和保护研究等方面取得了丰硕的科技成果,在国内外学术界有一席之地,培养和成长了一支高水平的科技队伍,为我国热区尤其是西双版纳的经济社会发展和生态平衡建设做出了积极的贡献。

博物馆与学术研究机构的合作模式有多种,参照博物馆与学校的合作模式,可以归纳为博物馆主导型、学术研究机构主导型和上级部门主导型3种类型。西双版纳植物园、国家动物博物馆等属于学术研究机构主导型的。上级部门主导型一般由博物馆上级主管单位来规划合作事项,但如果没有充分调动合作双方的积极性,博物馆仅仅只会以完成上级交办的任务为目标。博物馆主导型的合作方式,一般以博物馆与学术研究机构签订共建协议为起点,虽然双方共建的初心是合作共赢,但迫于种种困难,共建常常只停留在纸上。每一种合作模式都有各自的优势、不足及特点,但只要有明确的合作目标、合作内容,同时在各方的努力下摸索出一条可持续实施的路径,相信博物馆与学术研究机构的合作会呈现出更多精彩。

三、与电视媒体的融通传播

电视媒体是国家文化软实力的重要组成部分,在提高国家文化软实力中具有重要作用,不仅具有宣传功能还具有教育功能。博物馆有着丰富的文化资源,且以教育为首要功能,电视媒体与博物馆的目标一致性使博物馆与电视台的合作成为可能。另外,利用电视媒体强大的宣传功能,和博物馆自身的优势与外界合作,打造博物馆文化宣传阵地,提升博物馆的社会影响力的决心,使得博物馆与电视台的合作一拍即合。经过多年的发展,博物馆与电视台的合作形式也逐渐多样,如纪录片、科普电影、综艺节目、有声导览等。

博物馆与电视台的合作由来已久,早在2003年中央电视台和故宫博物院联合摄制的大型电视纪录片《故宫》在故宫博物院的太和殿前举行开机仪式。该片从故宫的建筑艺术、使用功能、馆藏文物和从皇宫到博物院之过程的历史沿革等方面,全面展示故宫辉煌瑰丽、神秘沧桑的宫廷建筑、馆藏文物,讲述宫闱内不为人知、真实鲜活的人物命运、历史事件和宫廷生活。触摸历史跳动的脉搏,感悟众多精英人物的命运,传承源远流长的中华文明,见证故宫百年大修的整个历史过程。该纪录片于2005年10月底在中央电视台一套黄金时段播出后,受到了传媒界、文博界乃至全社会的关注,成为2005年一个相当重要的媒介现象和文化现象。播出期间,《故宫》收视率最高达到3.09%,收视份额最高达到9.36%,并连续两周进入央视收视排名前十名,创造了纪录片多年来少见的收视高潮。《故宫》所引发的许多话题,如纪录片与传统文化、电视媒体与经典文化、中国纪录片走向国际市场、电视衍生产品的制作与推广、纪录片在新形势下的创作以及《故宫》自身创作的得失与启迪,受到业界与学界的广泛关注。中国传媒大学教授胡智锋认为《故宫》是2005年非常重要的媒介现象和文化现象,其媒介意义在于《故宫》显示了主流媒体应该承担的文化责任、功能和价值,这对于中国电视媒体良性生态格局的构建与保持,意义重大[1]。

故宫博物院拥有绝无仅有的独特藏品,是中华民族的骄傲所在,也是全人类的珍贵文化遗产。它的独特性和历史厚重性不仅吸引了纪录片的青睐,还包括文化类综艺。2018年故宫出品的首档电视节目《上新了·故宫》,打破了大家对故宫严肃威严的刻板形象,节目中文化创意新品开发员及嘉宾跟随故宫专家进宫识宝,探寻故宫博物院傲世的珍贵宝藏和深厚的历史文化,并联手知名设计师和高校设计专业学生大开脑洞,在每期节目都诞生一个引领热潮的文化创意衍生品,打通受众与故宫文化双向互动的新连结,让故宫文化被更多年轻人"带回家"。

2009年,为改变全国各大科技馆播放的科普大片几乎没有一部是本土制作的局面,上海科技馆在内容策划和影片选题上经过多年的精心研究,与上海文化广播影视集团签订了战略合作协议,与真实传媒有限公司展开了密切合作,从2009年起正式开始拍摄"中国珍稀物种"系列科普片。该项目聚焦我国特有珍稀物种,以生活习性为主线、生物演化为脉络,全面反映我国珍稀物种的生物学习性和保护现状,开创了一种以科学家为主导,科普、影视专业人员合作创作科普片的模式。不

---

[1] 赵曦.经典文化的经典传播:中央电视台大型纪录片《故宫》研讨会综述[J].现代传播,2006(1):94-96.

仅如此，系列片首次在动物题材科普片中融入中国传统文化元素，将物种背后所蕴含的文化典故融入到影片中，用讲故事的方式把科学阐释与艺术加工相互结合。"中国珍稀物种"系列科普片已先后在国内外十余个公共电视频道、7家主流新媒体网站，国内外上百家科普场馆、数十所大中小学、以及地铁、航空等公共媒体渠道播放，覆盖到40多个国家上亿人次观众，并荣获2018年度国家科技进步奖二等奖，上海科技馆也因此成为国内首个以科普项目获得国家科技进步奖的科普场馆。"中国珍稀物种"系列科普片的影响力也凸显科研成果与文化融合、跨界创新的独特魅力。如今，"中国珍稀物种"系列科普片已经拍摄了14集，包括中国大鲵、扬子鳄、震旦鸦雀、岩羊、文昌鱼、川金丝猴、海南坡鹿、大熊猫等物种，期待未来更多的中国特有的珍稀物种走进大众的视野。

博物馆与电视台的合作，除了将博物馆的资源再挖掘、再创作，将珍宝立体化，让观众近距离参观外，"有声博物馆"渐渐走进观众的视野，以期带给观众陪伴式的参观体验。2021年"5·18国际博物馆日"中国主会场活动开幕式上，国家文物局和北京市人民政府签订了《共建北京"博物馆之城"战略合作协议》。7月，北京广播电视台与市文物局达成共建北京"博物馆之城"战略合作关系，签署战略合作协议，并正式启动"北京之声·博物馆"项目，该项目由北京广播电视台官方音频客户端听听FM具体实施，以北京广播电视台金牌主持人作为"标准版"声音导览播讲人并录制，解读京城博物馆的文化内涵，搭建云端"有声博物馆"矩阵，逐步建立全市统一的博物馆声音服务体系。寓教于乐的"青少版"，由博物馆馆长、知名学者录制的"专家版"以及"英文版"声音导览，从故事性、专业性、细致性等不同方面满足了观众的个性化需求，一同构建起独具新意的线上"博物馆电台"。项目自运营以来，充分发挥新媒体优势，助力博物馆文化传播，全面提升博物馆整体形象，为博物馆提供内容更丰富、形式更多样、展览更便利、体验更优质的视听服务。目前，已正式入驻北大红楼、中国人民抗日战争纪念馆、香山革命纪念地旧址、北京白塔寺、北京石刻艺术博物馆、孔庙和国子监博物馆、北京文旺阁木作博物馆、大钟寺古钟博物馆、老舍纪念馆、中国铁道博物馆东郊展馆等多处场馆。北京市委宣传部副部长、北京广播电视台党组书记、台长余俊生表示"以'北京之声·博物馆'项目为起点，全面提升博物馆整体形象，助力博物馆文化传播，提供内容更丰富、形式更多样、观展更便利、体验更优质的视听服务"。

第三节　智慧化创新发展

博物馆发展的未来，除了在发展过程中调整好博物馆与公众之间的关系，拉近与公众的距离，拓展博物馆功能之外，还要不断地以满足不同观众的多样化需求为导向，进行功能或服务的升级迭代，这里面包括知识传播、审美培养、人际交往和休闲娱乐等，同时要聚焦观众个性化的观展需求在未来博物馆和展览中发挥的作用。根据不同观众的需求，包括期望值、关注点和参与度，来创造出多元、分众的服务形态。

对未来博物馆发展趋势，近年来国际、国内有了较多的讨论。自20世纪70年代以来，世界各国纷纷将公民个体的幸福感纳入社会发展指标，也就是说当社会发展的标准不仅仅是用财富来衡量，博物馆等公共文化服务设施也能实现公众对幸福感的渴望和要求，展示体验、教育体验、交互体验以及休闲体验等成为了参观博物馆的重要需求。人们常感慨10年、20年前博物馆的许多设想在今天都变成了现实，而"未来博物馆"如何智慧化更新升级，也已出现在许多人的遐想之中。

一、博物馆将更加多元个性化发展

博物馆已经不仅仅是收藏、保护、研究、展示人类发展见证物的公共文化服务机构，还将成为服务人的全面发展、推广地域文化特色、促进城市繁荣发展的文化教育机构。当多元化发展的博物馆不断地涌现时，博物馆服务公众的文化力量将有力地推动社会发展和城市进步。

博物馆的类型将进一步丰富。未来的博物馆不仅建筑要更具地域特色或博物馆专题特征，而且类型将应个性化、特色化地发展。除传统的博物馆之外，社区博物馆、生态博物馆、遗址博物馆、生活博物馆、非遗博物馆、科技博物馆、文化博物馆等，都应成为博物馆大家庭中重要的一员。要在博物馆建设中更加注重保护和展示文明的多样性，更加注重传承和展示地域文化的独特性。

博物馆的场所将更为宽泛。数字技术的发展可以让博物馆无边界，但展览应该有空间。对于未来博物馆的空间，人们有许多美妙的、理想化的想象，希望可以满足所有人的期待。博物馆作为公共文化服务机构的职能应得到发展和强化，有限的数量增长和较高的质量发展会成为博物馆展览的未来方向。因此，博物馆的发展可以有更多的形式，包括无边界、全虚拟、社区化，但博物馆的空间场所，无论是在展厅内外、展馆内外，还是在特定的物质、非物质文化遗产的内部或周边，或者是无限定空间的特定场所，都应形成合理的空间给公众营造主题、氛围和特色。地铁、车站、机场、超市、工业遗产、废墟、公园、养老公寓、幼儿园、城市转角空间、乡村农田……都有可能成为展览可替代的新型场所。

博物馆的展品将更为多元。博物馆的实物实证是最主要的展览展示内容，以文物、标本、艺术品为主体。科技类博物馆等可以无文物，但应有展品。未来的博物馆虽然一定还是以藏品、展品作为基础的，因为它是人类社会发展的见证之物，是用实物来实证的人类发展过程中的成就、经验和教训。然而，博物馆展品的范畴却会持续扩大，今天我们已经把展品的范围从文物、标本，发展到文物、标本、科技成果、当代艺术品和非物质文化遗产的代表物品或影像，将来或许会有更多的扩充。当我们把人类发展过程中有代表性的见证物,包括物质和非物质遗产,以及其他相关的复仿制品、模型、装置和数字化展项等,都认可为可以展出的展品时,博物馆展览的丰富、直观、多元、美好都能得到更好的呈现。

二、博物馆将更加注重参观体验

未来博物馆要坚持以人为本的理念,真正实现从服务"物"到服务"人"的转变。要更多地了解观众,创造出更符合他们需要的文化产品[①]。

博物馆要服务观众来策划故事。从展示收藏物的文物精品展,到今天形式多样的主题展,博物馆展览近年来有了长足的发展。未来的博物馆,会更多通过讲述展品与观众间之间、流线与观众之间的相互关系,来分设主题、正确解读、讲好故事,尤其是围绕观众观展的需求来策划设计。博物馆要积极寻找这种关系并将它阐释、传递给公众。我们常说这个展览做得好与不好,主要是指展览能否给观众更多的知识、故事和美感,而这些需要策展人大量的研究工作和创造性劳动。当观众与展品之间的相互关系被寻找、发掘出来时,就会让展览想要传达的故事更具有特性和价值。

博物馆要围绕主题来营造氛围。更注重从展览的主题和目标发展成以氛围熏陶为主导的观众体验。现代展示中,博物馆已通过营造展览环境和气氛来衬托内容。当未来的展览从展品参观逐步转变为文化体验时,甚至追求多感官体验的时候,博物馆更应该根据展览的主题去设计和营造氛围,来满足当代人特别是当代年轻人对知识性、舒适性和审美观的要求。展览氛围的营造可以是多感观的,包括视觉、听觉、嗅觉、味觉、触觉这五感,也包括以此引起的情感反映和冥想思考,以达成展示目标。

博物馆要针对体验来交互设计。要更多地营造文化环境的体验感,要增加更多的参与性、互动性项目。要尝试改变传统展示空间语境,从"物"的展示空间到会讲故事的场域,重新塑造"空间""展品""人"的关系。数字化时代,博物馆已不仅是物的场域,交融各种媒体信息感知方式,在实体空间以扩增博物馆的教育功能。与传统的参观方式不同,博物馆将更多强调"体验"与"互动"的教育理念。无论是从虚拟现实还是实拟虚境,对于博物馆文化空间来说,数字展示的介入,将增强观众的参观体验,将传统静态展示氛围塑造成具有空间意境的文化场所,重塑观众的体验。

三、博物馆将更加智慧化和数字化

未来博物馆会更加注重现代技术在博物馆内的有效利用。当数字技术在博物馆内有效、有益地成功应用后,博物馆将在当代技术发展的孵化下,具有更智慧化

---

① 龚良.博物馆展览的未来畅想[J].科学教育与博物馆,2021(6):481-458.

的管理、更智慧化的服务和更智慧化的展览。要更好地打造网上博物馆的虚拟展览,让公众更便捷地实现和博物馆的联通。

博物馆的展示形式将更为新奇化。随着数字技术的广泛介入,混合现实(MR)、扩展现实(XR)和5G技术为博物馆打开了一个更加广阔的视野,它们在博物馆的出现往往给观众带来激情和想象。未来新技术更会朝着一个我们无法预测的方向发展,带给观众更多的惊喜和体验,实现诸如"超越""替代""进入""跨时空""全方位""无死角"的体验。以数字影像展示为例,作为一种展陈空间中的媒介,区别于传统静态的展示方式,以一种动态化的展陈方式向观众展示内容,具有很强的时间性和空间性。杭州博物馆副馆长许潇笑在"博物馆数字影像论坛"中谈到,影像的意义是取决于你会在它前后看到哪些东西,同时他提到"实体空间"中的展览,对于不能触碰文物的观众而言,好比是空间中凝固的影像,通过行走让影像在前后的空间中流动起来,从而生成意义,也就是展览的脉络。各种视觉媒介组合制造成一种"视觉性景观",文物或者艺术品的陈列是其中的核心,但展陈空间中以影像为媒介的形式语言,变得越来越重要,成为展示语境中内容叙事的工具,或者说得更凸显的,是成为一种渲染情绪的重要手段——沉浸式,不仅仅是视觉的铺张与堆砌,更为本质的是在一个外部空间中,形塑一个"心理空间",是情绪与想象空间的呈现。例如中共一大纪念馆,用数字影像讲述伟大建党故事。基本陈列中的数字影像往往不是单独存在,而是与某个特定的故事场景结合,深入渲染展示空间的故事性和场景感,营造具有沉浸式的展示场景。相信随着新技术的不断涌现,未来博物馆的展览会越来越新奇、好看、唯美,甚至炫酷、刺激、智慧。数字展示制作得越真实、解读得越真切,新技术下的博物馆展览就越有生命力,就越符合社会发展和社会公众对博物馆提出的期望和要求。

博物馆的叙事模式将更为可视化。数字技术的介入将不断重构博物馆的观展方式,重塑空间叙事模式,推动未来博物馆走向动态性的视觉体验。博物馆的观展方式,正不断从单一陈列的知识传递式转向参与式。新媒体艺术家林俊廷提出,以新媒体艺术活化博物馆文化空间,塑造沟通与体验的沉浸式场域。他提到,博物馆中的学习活动不是由导览人员单纯的向观众传递知识,也不是观众被动地接收信息的过程,而是观众借助原有的知识和经验,通过与外界的互动,主动地生成信息意义的过程。我们可以在他的展示作品中看到,新展示媒体提供眼、耳、鼻、手、心的立体化体验来链接五感,透过重构时间、重组知识叙事看见更"真实"的空间,实现与作品同频。数字化叙事模式,不同于博物馆中传统的图文实物结合的展示方式,数字化媒介的介入使得展示内容可变、可动、可主动、可辅助。威尼斯时光机项目将威尼斯留存的大量历史文献进行电子化,并通过数据分析形成信息网络,以此为基础进行建模以还原并展示出真实的历史场景。借助数字影像的载体,将整个展示内容以数据可视化的视觉呈现,实现博物馆空间中展示内容的可视化。数字可视化是基于数字基础设施建设而引发的新兴展示方式,在博物馆中可以更好地透视历史、展示未知,共同开拓数字化博物馆的新视角。

新的科技革命与产业变革已在全球展开,新"智能+"时代正在到来。中国工程院院士李伯虎指出:在新一代人工智能技术的引领下,以及与新互联网技术、新信息通信技术融合发展的基础上,国家各领域系统的模式、手段和业态正在向"数字化、网络化、云化、智能化"的新型人工智能系统的新模式、新手段和新业态演进,"万物互联、智能引领、数据驱动、共享服务、跨界融合、万众创新"成为新的时代特征。

对于博物馆来说,数字技术带来的是一场发展的"革命"、创变的"革新"。博物馆拥有丰富的馆藏,现代数字技术的应用将使博物馆的信息传递变得更为方便快捷、藏品管理更加科学有效,展陈展示更为形象生动、教育资源更为丰富开放。博物馆人应该把数字化工作提升到博物馆核心工作中来,顺应时代发展的需求,充分利用新技术、新手段、新方法,以观众为核心,多层面、多领域、多维度推进和深化博物馆数字化工作,不断促进行业高质量、可持续发展。